Tomo Yoshihara

Japanische Kalligraphie für Einsteiger

秋
自由
愛
冬
友友
友友
友友

Tomo Yoshihara

Japanische Kalligraphie für Einsteiger

AUGUSTUS

Zum Geleit

Der Kalligraphieverband der Präfektur Shiga wurde im April 1949 gegründet und besteht damit bereits 53 Jahre. Wir haben uns bemüht, die Verbreitung der Kalligraphie durch monatliche Zeitschriften für Kinder und Jugendliche – »sho no tomo« (Freund der Kalligraphie) – wie auch für Erwachsene – »shohou« (Mitschüler der Kalligraphie) – zu fördern. Besonders stolz sind wir darauf, dass wir unseren Schwerpunkt auf die individuelle Förderung der Kinder und Jugendlichen verlegt haben und darauf verzichten, Vorlagen einfach kopieren zu lassen; dies ist eine Besonderheit des Kalligraphieverbands der Präfektur Shiga. Ferner veranstalten wir Fortbildungen für Lehrer der allgemein bildenden Schulen oder organisieren jährlich Kalligraphie-Ausstellungen für Hobbykalligraphen in der Präfektur. Dass immer mehr Leute Freude daran finden, den Pinsel in die Hand zu nehmen, und den Schaffensprozess des Kalligraphierens von ganzem Herzen genießen, liegt nicht nur am hohen Durchschnittsalter der Japaner; auch junge Leute interessieren sich für die Schriftkunst.

Anlässlich der neu gegründeten Partnerschaft der Präfektur Shiga mit der Region Hunan konnten wir in Peking und Changsha eine Kalligraphie-Ausstellung der Shiga-Jugend veranstalten. Und im Zuge der fortschreitenden Globalisierung kam 1998 – auf gemeinsame Initiative mit unserer Partnerstadt Würzburg hin – auch in Deutschland eine Kalligraphie-Ausstellung zustande, die wir mit einer Gruppe von 100 Kalligraphen besucht haben. Der intensive Austausch mit den europäischen Kalligraphie-Begeisterten und die schöne gemeinsame Zeit haben bei allen Teilnehmern einen bleibenden Eindruck hinterlassen.

Trotz der rasant voranschreitenden Informationstechnologie wird es auch hierzulande als sehr wichtig erachtet, die geistige Bildung voranzutreiben. In diesem Sinne möchte sich der Kalligraphieverband der Präfektur Shiga auch in Zukunft engagieren und versuchen, noch mehr Menschen für seine Arbeit zu begeistern.

Kalligraphieverband der Präfektur Shiga

W i d m u n g

Ich widme dieses Buch meinen Eltern Nobuko und Wolfgang und meiner Freundin Lena, denen ich dankbar bin, dass sie mich zu dem gemacht haben, was ich bin.

Tomo Yoshihara

Es ist mir eine große Freude, dass mein Freund Tomo Yoshihara eine Arbeit über japanische Kalligraphie geschrieben hat, die als Buch verlegt wird. Aufgrund der großen Resonanz auf unsere Kalligraphie-Ausstellung 1998 in Würzburg nehme ich an, dass es auch in Deutschland viele Kalligraphie-Interessierte gibt. Dies freut mich nicht zuletzt auch aufgrund meiner Funktion als Mitveranstalter der damaligen Ausstellung.

Zwar bin ich mir nicht sicher, ob mein Beitrag zu diesem Buch maßgeblich war, aber eines kann ich mit Bestimmtheit sagen: Ich freue mich auf den Tag, an dem ich das Buch in Händen halten kann. Und ich wünsche mir sehr, dass immer mehr Menschen Interesse an der japanischen Kalligraphie, die Freude am künstlerischen Ausdruck und den Spaß daran gewinnen, den Pinsel in die Hand zu nehmen.

Kitagawa Kuniyuki

Geschäftsführer des Kalligraphieverbandes Shiga

Zum Verständnis japanischer Schriftkunst

Der Begriff der japanischen Kalligraphie ist nur zum Teil als das uns geläufige »schöne Schreiben« zu verstehen. *sho* (Schrift) im Sinne von *shodo* (Weg der Schrift) ist in Japan eine hoch angesehene Kunst, die nicht vom perfekten Kopieren und Streben nach möglichst makellosen Schriftzeichen oder von der Hinführung auf ihre »Urform« lebt. Vielmehr geht es darum, dass in dieser Kunst die Persönlichkeit des Künstlers zum Ausdruck kommt. In der japanischen Kalligraphie, die man treffenderweise als »Schriftkunst« bezeichnen sollte, spielt die zeitliche Dimension, vergleichbar zur Musik, eine entscheidende Rolle. Der Schaffensprozess ist nämlich zeitlich stark eingegrenzt – und zwar insofern, als ein kalligraphisches Werk an einem Stück erschaffen werden und dann für immer unverändert bleiben muss. So beschränkt sich das Entstehen einer Kalligraphie auf wenige Sekunden. Die individuelle Leistung des Künstlers liegt hauptsächlich in dem »Wie«, d. h. in der persönlichen Art zu schreiben, da die Reihenfolge, in der die Schriftzeichen geschrieben werden müssen, definiert ist.

Aufgrund dieser Gesetzmäßigkeiten ist ein Nachvollziehen der Entstehung und Ausführung einer Kalligraphie – mögen auch noch so viele Jahre seit der Schaffung vergangen sein – für den Betrachter möglich; und die Persönlichkeit des Künstlers entfaltet sich auf offensichtliche Art und Weise. Auch diese Tatsache legt einen Vergleich zur Musik nahe, in der die Noten des Stücks zwar vorgegeben sind, es jedoch dem Interpreten freisteht, diese in seinem ganz persönlichen Stil wiederzugeben.

Der Betrachter einer Kalligraphie findet somit jede Eigenart und Eigenwilligkeit des Künstlers durch die Pinsel- und Linienführung in seinem Werk widergespiegelt. Selbst wenn die schwarzen Linien, die mit dem weißen Untergrund kontrastieren, auf dem Blatt nicht verbunden sind, so fließt doch die Idee der Linie über den leeren Raum hinweg, als wäre sie auf dem Papier kontinuierlich fortgeführt. Die tiefere Bedeutung des Geschriebenen liegt jedoch stets in der geistigen Dimension – in der Einheit von Form und Inhalt.

Blick in eine alte japanische Kalligraphie-Schule.

In einer modernen Wohnung sind plakatgroße Kalligraphien besonders dekorativ. Hier das Schriftzeichen »ich« von Ookubo Sadako.

Karte mit den Schriftzeichen für Freiheit (jiyuu). Sehen Sie dazu auch das Kapitel »Schriftzeichen« ab Seite 40.

Geschichte

Ursprung der Schrift in China

Bevor die Schriftzeichen vor rund 3200 Jahren in China entstanden, gab es die *shokeimoji*. Diese frühesten hieroglyphischen Zeichen, die die realen Gegenstände der Umwelt auf primitive Weise wiederzugeben versuchten, stellten eine Vorstufe zu den heutigen Schriftzeichen dar. Sie haben noch einen viel bildhafteren Charakter als die Schriftzeichen und sehen in ihrer Schlichtheit mehr danach aus, als wären sie von Kindern gemalt worden. Allmählich wurde für diese primitive Bilderschrift eine einheitliche Form festgelegt; im Laufe der Jahrhunderte entwickelten sich daraus piktographische Zeichen. Diese bildeten die letzte Vorstufe vor der Schriftzeichenentstehung; in ihnen vollzog sich der Übergang vom reinen Bild zur Schrift.

①

Das vereinfachte, symbolhafte Bild eines Baumes. Beispiel für ein hieroglyphisches Bildzeichen (shokeimoji) als Ursprung der Schriftzeichen.

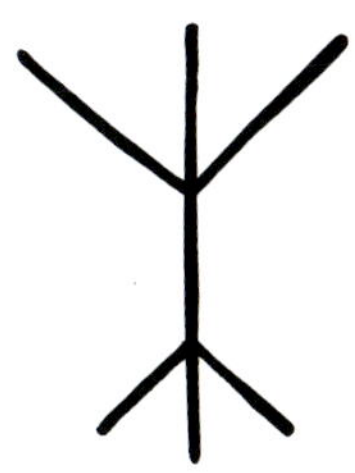

②

Im nächsten Schritt der Entwicklung zum Schriftzeichen wurden Details des Baumes weggelassen und durch einfache Striche ersetzt.

③

Im Gegensatz zum vorhergehenden Bild des Baumes werden hier die Striche verbunden, sodass das Zeichen in nur drei Strichen zu zeichnen ist. Dazu ist es notwendig, die scharfen Kanten durch Rundungen zu ersetzen.

④

Das fertige Schriftzeichen für »Baum« hat sich nach Gesichtspunkten der Ästhetik in seiner Form verändert.

Siegelschrift

Die Bezeichnung für die aus der Qin-Dynastie (771–481 v. Chr.) stammende Siegelschrift *(tensho)* leitet sich aus ihrer Verwendung für offizielle Siegel ab. Obwohl die Schrift heute noch in der Schriftkunst Verwendung findet, unterscheidet sie sich durch ihre starke Bildhaftigkeit sehr von den gebräuchlichen Standardschriften.

Kanzleischrift

Da sich die Siegelschrift aufgrund der zeitaufwendigen Schreibprozedur als nicht ideal herausstellte, entwickelte sich die Kanzleischrift *(reisho)* in der Han-Dynastie (206 v. Chr. – 220 n.Chr.) Dazu wandelte man alle bis dahin geschwungenen Linien in gerade und die quadratischen Kästchen in Kreise um.

Kursivschrift

Die Kursivschrift *(sosho)* war bereits in der Dynastie der drei Königreiche (220–265 n. Chr.) vollständig entwickelt und ausgereift. Sie ist eine abgekürzte Form der Kanzleischrift *(reisho)* und eignet sich besonders zum schnellen Schreiben. Es ist jedoch außerordentlich schwierig, diese geschwungene, dynamische und zum Teil expressive Schrift anzuwenden, da kleinste Abweichungen bereits ein anderes Schriftzeichen bedeuten können.

Regelschrift

Die Regelschrift *(kaisho)*, auch als Standard- oder Normalschrift bezeichnet, entwickelte sich ebenfalls in der Dynastie der drei Königreiche (220–265 n. Chr.). Sie ist diejenige chinesische Schrift, die bis heute Verwendung findet. Im Vergleich zu der Kanzlei- *(reisho)* und Siegelschrift *(tensho)* werden die Schriftzeichen der Regelschrift von einem imaginären Quadrat begrenzt, wodurch die meisten von ihnen durch eine ausgewogene, harmonische Wirkung gekennzeichnet sind.

Halbkursivschrift

Die Halbkursivschrift *(gyosho)* entwickelte sich gleichzeitig mit der Regelschrift *(kaisho)* in der Dynastie der drei Königreiche (220 – 265 n. Chr.), jedoch in anderen Teilen Chinas. Hinsichtlich ihres Aussehens nimmt die Halbkursivschrift eine Stellung zwischen der Regelschrift (*kaisho*) und der Kursivschrift (*sosho*) ein. Ihre besonderen Merkmale sind die aus dem schnellen Schreiben resultierenden, oft zusammenhängend geschriebenen Schriftzeichen und der – vergleichbar zur Kursivschrift *(sosho)* – vereinfachte und dynamische Charakter der Schriftzeichen.

Beispiel für die Kanzleischrift

Beispiel für die Regelschrift

Auszug aus einem Klassiker. Ursprung: Mokkan (Han-Dynstie, 202 v. Chr. – 220 n.Chr., in China), geschrieben von Tsukamoto Reiko

Schrift in Japan

Bis zum 5. Jahrhundert gab es in Japan kein Schriftsystem. Erst während des 5. und 6. Jahrhunderts, in der Kofu-Periode (ca. 300 – 550 n. Chr.), wurde die Schrift aus China in Japan eingeführt. Die chinesischen Zeichen waren jedoch nicht ohne Probleme für die japanische Sprache zu verwenden, was die Einführung eines zusätzlichen alphabetischen Systems *(kana)* notwendig machte. So wurden in Japan zwei Systeme, die unserem lateinischen Alphabet vergleichbar sind, jedoch jeweils 46 Zeichen umfassen, entwickelt. Als Buchstaben des Alphabets wählte man chinesische Schriftzeichen, die stellvertretend für Silben standen und die man daraufhin stark vereinfachte. Auch heute finden diese beiden Alphabete (*hiragana* und *katakana*) häufige Verwendung.

Neben der spezifischen Entwicklung der Alphabete (*kana*) wurden in Japan aber auch die chinesischen Schriftzeichen gepflegt und weitergeführt. Beispielsweise schrieb man die heiligen Sutren in der strengen Regelschrift (*kaisho*). Da es sich hierbei um Andachtsschriften handelt, deren Zeichen als Manifestation Buddhas galten, wurde beim Schreiben der Sutren kein persönlicher Schriftcharakter angestrebt, sondern die Regelschrift gewählt.

In der Kamakura-Periode (1185 – 1336 n. Chr.) hielt in Japan das *bokuseki* (wörtlich übersetzt: Tuschespuren) Einzug, das sich seit dem 14. Jahrhundert kontinuierlich weiterentwickelte. Als »Tuschespuren« (*bokuseki*) wurden vor allem die Schriftkunstwerke der japanischen Anhänger des Zen-Buddhismus bezeichnet. Deren Schriften, die zur Vermittlung ihrer Lehre bestimmt waren, entwickelten einen völlig eigenständigen, revolutionären Stil. Dieser unterstrich zum einen den persönlichkeitsbezogenen Charakter der Schriftkunst, zum anderen war er mit dem Wesen der zen-buddhistischen Denkweise verbunden. Die Kalligraphie diente nach dieser Auffassung als unmittelbarer Ausdruck der Seelenverfassung, weshalb man nicht mehr an traditionellen Techniken und Konventionen der Schrift festhalten durfte. Auch in den folgenden Jahrhunderten blieben die Klöster die Triebfedern in der Entwicklung der Schreibkunst. In dieser Zeit bestand bereits reger Kontakt sowie kultureller Austausch zwischen Japan und China.

Nachdem die Schreibkunst in Japan während der Edo-Periode (1603 – 1868) Einzug in das Alltagsleben hielt, verlor sie in der von westlichen Einflüssen geprägten Meiji-Zeit (1868 – 1912) wieder ihre Bedeutung im täglichen Leben. Wurde bis dahin ausschließlich mit dem Haarpinsel und mit Tusche sorgfältig geschrieben, so erfreuten sich nun Metallfeder und Bleistift zunehmender Beliebtheit. Doch nur durch diesen Umstand war es möglich, dass die Schriftkunst in dieser Zeit zu einer reinen, eigenständigen Kunstform wurde. Sie wurde schon in der Meiji-Zeit wie auch während der darauf folgenden Perioden in Privatschulen unterrichtet.

Noch heute ist das Erlernen und Ausüben der Schriftkunst in Japan hoch angesehen. Rund acht Millionen Japaner sind derzeit aktiv auf dem Gebiet der Kalligraphie tätig. Weitere sechs Millionen wollen in der Zukunft – auch in einer Zeit, die durch Textverarbeitungssoftware und Englisch als Weltsprache geprägt ist – die traditionelle Schriftkunst erlernen.

Linolschnitt des dem Bauhaus zuzuordnenden ungarischen Künstlers László Moholy-Nagy. 1921

Einfluss auf die westliche Welt

Im Laufe der Zeit erfasste die japanische Kunst auch andere Kulturkreise. So haben japanische Holzschnitte die europäische Kunst des 19. Jahrhunderts nachhaltig geprägt. Die Motive, Farbgebungen und Techniken der japanischen Kunst inspirierten Künstler wie z. B. Manet, Gauguin oder van Gogh und beeinflussten auch den Jugendstil. Dennoch übten Philosophie und Ästhetik des Ostens auf die europäische Kultur keinen so grundsätzlichen Einfluss aus wie in Nordamerika. Dort kam während der Fünfziger- und Sechzigerjahre ein großes Interesse der Gesellschaft an japanischer Kultur auf. Als Gegenreaktion auf den Materialismus begannen viele Amerikaner, Zen zu studieren.

Die abstrakten Expressionisten übernahmen zusammen mit der östlichen Philosophie auch die künstlerischen Aspekte aus dem Kulturkreis »hinter dem Pazifik«. Dies zeigt sich besonders deutlich daran, dass sie die »Nichtfarben« Schwarz und Weiß verwendeten und somit die direkte Brücke zur japanischen Schriftkunst zu schlagen versuchten.

Künstler wie Franz Kline, Robert Motherwell oder Marc Tobey griffen einzelne Ideogramme auf und vergrößerten sie zu schriftzeichenartigen Formen. Die Vorstellung, dass ihre Kunstform auf Mönche, die dem Materialismus den Rücken gekehrt haben, zurückging, machte den Reiz dieser Bewegung für die abstrakten Expressionisten aus. Mit japanischen Schriftkünstlern haben diese die Ansicht gemein, dass sich die Persönlichkeit eines Menschen in seiner Gestik ausdrückt und dass es Aufgabe des Künstlers ist, diese Gestik zu visualisieren.

Schreibmaterial und Zubehör

Zum Anfertigen kalligraphischer Arbeiten bedarf es, wie ein chinesisches Sprichwort sagt, der so genannten »vier Kostbarkeiten«. Dazu zählen der spitz zulaufende Haarpinsel, der Malgrund – also das Papier oder die Seide –, der Tuscheblock oder -riegel, aus dem die Tusche gewonnen wird, sowie der Tuschereibstein. Diese Materialien kaufen Sie entweder in Fachgeschäften für Künstlerbedarf oder im Asien- bzw. Japan-Fachhandel. Sollten keine japanischen Materialien zur Verfügung stehen, so ist es durchaus möglich, chinesische zu verwenden.

Unten:
Das Tischgedeck »Wolfgang« auf einer Schriftrolle, mit einem Gedicht über den Bambus.

Pinsel

Gute Pinsel sind sehr teuer und zählen daher nicht zu Unrecht zu den »vier Kostbarkeiten«. Sie sind der wichtigste Gegenstand zum Anfertigen eines Schriftkunstwerks. Die Pinselspitze wird als *ke*, der Stiel als *jiku* bezeichnet. Die Borsten haben im Allgemeinen eine Länge von 5 cm bis 6 cm. Bei guter Pflege, das heißt bei gutem Auswaschen nach jeder Benutzung, hat der Pinsel eine Haltbarkeit von rund drei Jahren.

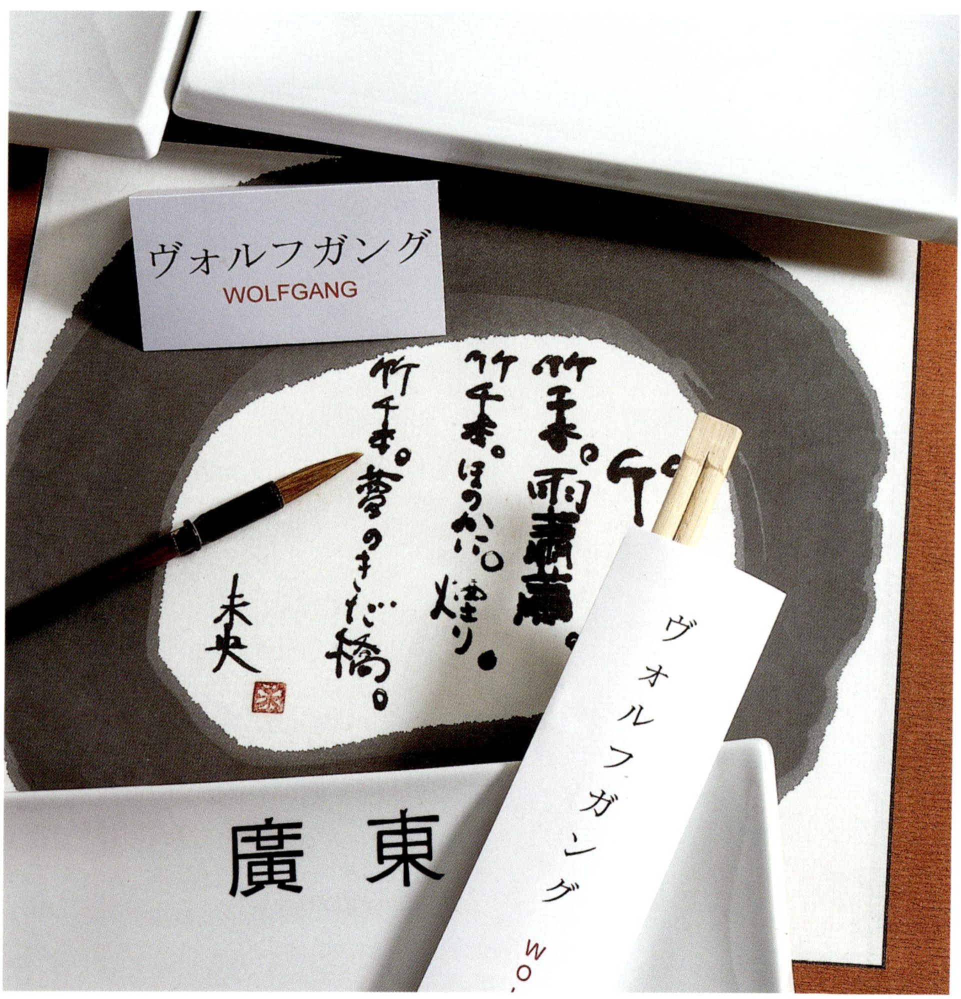

Japanische, für die Kalligraphie geeignete Pinsel. Von oben nach unten:

① Anfängerpinsel mit einer Haarmischung vorwiegend von Schafen.

② Traditioneller Malpinsel, vorwiegend aus Schaf- und Marderhaaren, für die Linienarbeit. Kurze Kopfform und eine elastische scharfe Spitze erlauben eine leichte Veränderung der Linienbreite während des Schreibens.

③ Pinsel für Kalligraphie und Tuschmalerei aus Haaren von Pferd und Schaf.

Herstellung

Bereits um 200 v. Chr. wurden die ersten Pinsel (*fude*) aus Reh- und Schafshaaren hergestellt. Heute bestehen japanische Pinsel oft aus einer Kombination von nicht weniger als zehn verschiedenen Tierhaaren, wogegen sich die Borsten chinesischer Pinsel aus nur vier bis fünf verschiedenen Tierhaaren zusammensetzen. Die Pinsel werden auf folgende Weise hergestellt: Zunächst sortiert man die verschiedenen Haare nach Qualität und Länge. Daraus werden nun einzelne Bündel geschnürt, bei denen die besten und längsten Haare in der Mitte liegen. Dann wird das zusammengebundene Haarbüschel in den Bambusstab geklebt und zum Schluss der Name des Pinsels in den Stil geschnitzt.

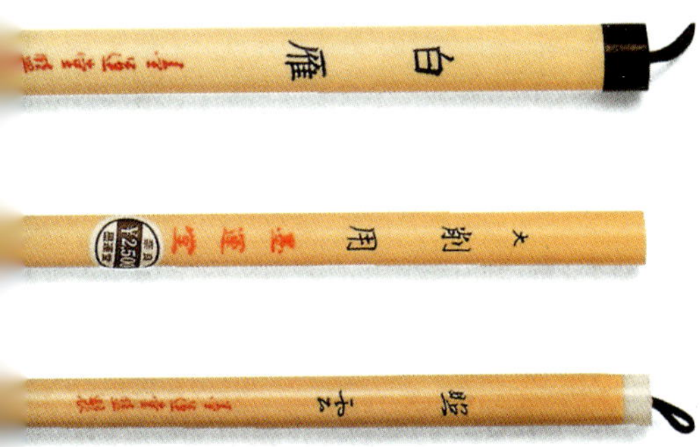

① ② ③

Pinselgröße

Japanische Pinsel gibt es in vielen verschiedenen Größen und Qualitäten. Man unterscheidet die einzelnen Pinselmaße nach dem Durchmesser des Borstenbündels am Ansatz des Stiels. Dieser reicht von 0,5 cm bis 3 cm und wird mit Hilfe einer Nummerierung von 1 bis 10 einheitlich klassifiziert. Es gibt aber auch Sonderformate mit bis zu 9 cm, die nicht in diese Skala eingeschlossen sind. Auch die Skalierung chinesischer Pinsel verläuft von 1 bis 10, wobei 10 kleine und 1 große Pinsel bezeichnet.

Für den normalen Gebrauch empfiehlt sich ein Pinsel mittlerer Stärke (*chubude*).

Auszug aus einem Klassiker, Ursprung: Mokkan (Han-Dynastie, 202 v. Chr. – 220 n. Chr., in China), geschrieben von Tatsubo Kazuyo

Pinselhärte

Die japanische Schriftkunst lebt zum großen Teil vom Wechsel dicker und dünner Striche. Dies kann nur durch einen Pinsel bewerkstelligt werden, der dem in unterschiedlicher Stärke ausgeübten Druck nachgibt und anschließend wieder seine ursprünglich spitze Form annimmt. Die richtige Mischung von Steifigkeit und Flexibilität der Pinselhaare ist also von besonderer Bedeutung.

Auf jedem Pinsel befindet sich ein Schriftzug, der darüber informiert, wie hart er ist.

- Ein *gogohitsu* besteht aus Rosshaar; er ist hart und gleichzeitig flexibel.
- Ein *kengohitsu* ist im Kern hart und außen weicher.
- Der *juugouhitsu* ist ein weicher Pinsel.

Außerdem unterscheidet man bei den Pinselhaaren – unabhängig von der Härte – zwischen gestärkten und weichen, losen Borsten.

Normalerweise verwendet man für kalligraphische Arbeiten Pinsel mittlerer Härte mit gestärkten, Widerstand bietenden Borsten, die in einer gut ausgebildeten Spitze zusammenlaufen.

Annahme der Tusche und Pflege

Zu Beginn der Arbeit wird nur die Spitze der Borsten durch Kontakt mit der Tusche und durch Druck weicher gemacht. Der Rest des Pinsels sollte sauber und damit steif bleiben. Nach der kalligraphischen Arbeit wäscht man den Pinsel mit lauwarmem Wasser aus und bringt ihn mit den Fingern in seine ursprüngliche spitze Form zurück.

Tusche

Die Tusche (*sumi*) ist zumeist in Form eines länglichen, harten Blocks erhältlich. Dieser besteht aus dem Ruß verschiedener Holzarten (meist Kiefernholz) und tierischen Leimen. Die beiden Substanzen werden so gemischt, dass sie eine gewisse Konsistenz aufweisen, anschließend gegossen und getrocknet. Dieser Prozess wird mehrfach wiederholt, sodass sich einzelne Schichten bilden. Abschließend gießt man den Riegel in eine Form mit Verzierungen und Motiven ein, die nach dem Trocknen auf dem Block sichtbar sind. Der Anteil von Ruß im Verhältnis zum Leim ist entscheidend für das flüssige Endprodukt. Je mehr Leime enthalten sind, desto dickflüssiger wird die Tusche. Besonders dickflüssige Tusche wird als *noboku* bezeichnet, während *tanboku* dünnflüssige Tusche bedeutet.

Größe und Gewicht

Für Tuscheriegel gibt es standardisierte Maßeinheiten (*cho*), die nach dem Gewicht geregelt sind. Während die Japaner von 1 *cho* bis zu 64 *cho* mit dem Gewicht aufwärts zählen, ist in China die schwerste Einheit mit 1, die kleinste mit 64 besetzt. Die Abmessungen der Riegel betragen üblicherweise 12 cm in der Länge, 4 cm in der Breite und 2 cm in der Dicke.

Farben

Die Tuscheriegel lassen sich »farblich« in vier Sorten unterteilen: normales Schwarz, Schwarz mit eingeschlossenen Substanzen oder Partikeln (z. B. Blattgold), graue Tusche (*shouenboku*), die – so stark man sie auch reibt – nur graue Tinte ergibt, und die ölversetzte dunkelgraue Tusche (*yuseiboku*), die nach dem Schreiben des Zeichens einen Ölrand um die Schriftzeichen hinterlässt. Die beiden letzteren Tusche-Arten kommen aber meist nur bei expressiven Schriftkunstwerken zum Einsatz.

Reiben der Tusche

Der Tuscheriegel wird unmittelbar vor dem Benutzen auf dem Reibstein (*suzuri*) unter Zugabe von Wasser gerieben; dazu setzt man den Block senkrecht auf und bewegt ihn gleichmäßig in beide Richtungen. Durch den leichten Druck, mit welchem der Tuscheriegel auf dem Reibstein

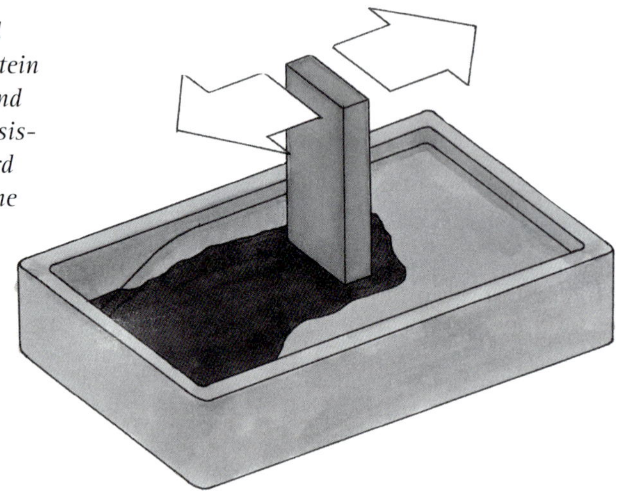

Der Tuscheriegel wird auf dem Reibstein gleichmäßig hin- und herbewegt. Die Konsistenz der Tusche wird durch die zugegebene Wassermenge, aber auch durch den Tuscheriegel bestimmt.

bewegt wird, lösen sich die Tuschepartikel im Wasser auf. Die geriebene, flüssige Tusche sammelt sich im Reservoir des Reibsteins. Ist sie noch nicht schwarz und dickflüssig genug, befeuchtet man den Block beim weiteren Reiben des Tuscheriegels lediglich mit der Flüssigkeit aus dem Reservoir und gibt kein neues Wasser dazu.

Flüssigtinte (*bokuju*)

Auch vorgefertigte Flüssigtinte hat in der Schriftkunst eine lange Tradition. Sie wurde bereits im Meiji-Zeitalter von Kalligraphen verwendet, jedoch hatte man damals noch große Probleme bezüglich der Haltbarkeit dieser Tinte. In den letzten Jahren hat die Entwicklung auf diesem Gebiet entscheidende Fortschritte gemacht. Flüssigtinte ist derzeit in zwei verschiedenen Formen im Handel erhältlich: in bereits gebrauchsfähiger Konsistenz oder als Konzentrat (*neriboku*), das mit Wasser auf ein Zehntel verdünnt werden muss.

Der Vorteil der Flüssigtinte für den Schriftkünstler liegt in der Arbeitserleichterung; hinsichtlich der Qualität, d. h. in Bezug auf Haltbarkeit und Schwärze, ist sie jedoch der handgeriebenen Tusche noch immer unterlegen – weshalb sie als Kalligraphiematerial von vielen Schriftmeistern abgelehnt wird. Gerade für den Anfang kann man aber bedenkenlos zu solch einer vorgefertigten Tinte greifen.

Reibstein

Reibsteine (*suzuri*) bestehen aus glatt geschliffenem Stein oder einem fein geschlämmten, hart gebrannten Tonstück. Sie sind in der Regel mit einer leicht zu einer Breitseite hin abfallenden Oberfläche geformt, sodass ein Reservoir für die abgeriebene, verflüssigte Tusche entsteht. Ganz zu Beginn der Schreibkunst wurde einfach ein flacher Stein zum Reiben der Tusche verwendet. Auch heute gibt es noch solche Steine. Besonders geeignet ist Schiefer, da dieser sich nicht zu schnell abnutzt und dabei eine hohe Wasserundurchlässigkeit bietet.

Auszug aus einer Gedichtsammlung, geschrieben von Ooshima Mariko

Beim Kauf eines Reibsteins sollte man besonders auf die Qualität des Materials, die Reibeigenschaften und die Größe der Reibfläche achten. Je größer die Fläche, desto leichter fällt das Reiben des Tuscheriegels. Außerdem sollte der Reibstein weder allzu schwer noch zu leicht sein.

Bei einem geschliffenen Stein muss besonderes Augenmerk auf die Maserung (*hobo*) gerichtet werden. Betrachtet man diese in Reibrichtung, lassen sich drei Orientierungen unterscheiden: horizontale, vertikale und diagonale Maserung. Bei der vertikalen Maserung entsteht – bei gleichem Reibaufwand – viel Tusche in kurzer Zeit, es wird aber auch ein großer Anteil an Leimen frei, die sich im Tuscheriegel befinden. Da sich der Leim in großen Mengen nicht mehr verteilt, hat dies zur Folge, dass die Tusche nicht homogen durchmischt wird. Die horizontale Maserung hingegen verschafft kaum Reibung, wodurch das Verflüssigen der Tusche sehr mühselig wird. Empfehlenswert ist es daher, auf eine diagonal zur Reibrichtung ausgerichtete Maserung des Steins zu setzen. Eine Größe der Innenfläche von etwa 8 x 14 cm ist dabei ausreichend.

Ein Schmuckstück ist dieser aufwändig geschnitzte Reibstein aus Schiefer mit einem attraktiven Drachenrelief auf dem Deckel.

Malgrund (Papier)

Papier im heutigen Sinne wurde zum ersten Mal etwa 100 n. Chr. in China hergestellt – und zwar aus der Rinde des dort heimischen Maulbeerbaums. Über die Seidenstraße erreichte das Naturprodukt um 800 n. Chr. Bagdad und wurde von dort aus bis zum 14. Jahrhundert in Europa verbreitet. Bis dahin hatte man im europäischen Raum Tierhäute zum Beschreiben verwendet.

Etwa 600 n. Chr. gelangte die Erfindung aus China nach Japan, wo sich eine kunstvolle Papierherstellung entwickelte. Da Papier jedoch sehr teuer war, blieb es breiten Schichten der Gesellschaft vorenthalten. So behalf sich der der Han-Dynastie entstammende chinesische Kalligraph Cho Shi noch, indem er auf Stoffe malte, die er wieder auswaschen konnte. Erst in den letzten Jahrhunderten hat sich der Papierpreis so weit gesenkt, dass das Material für jeden Menschen erschwinglich wurde.

Papier wird eine Lebensdauer von rund fünfhundert Jahren zugesprochen, die von Seide liegt bei etwa achthundert Jahren. Es gibt aber durchaus Exemplare beider Materialien, die diese Lebenserwartung aufgrund günstiger Aufbewahrungsbedingungen überschritten haben. Das für die Kalligraphie verwendete Papier ist, im Vergleich zum üblichen Papier, erheblich dünner. Es hat Tusche absorbierenden Charakter, besitzt eine leicht angeraute Rückseite und zeigt sanften Glanz auf der Vorderseite. Japanisches Papier wird als *washi* bezeichnet, dickere Papiere heißen *atsugami*.

Papierformate

Auch im Bereich des Papiers gibt es selbstverständlich eine enorme Auswahl an Qualitäten und Größen. Die für die Kalligraphie übliche Papiergröße (*hanshi*) beträgt 24 x 34 cm. Häufige Verwendung finden auch das so genannte *hansetsu* (35 x 135 cm) und zenshi (70 x 135 cm). Daneben gibt es auch noch größere Formate, z. B. bei Papieren für so genannte *jofuku*-Werke, die vertikal aufgehängt werden. Früher wurden diese ausschließlich als Hängerolle (*kakejiku*) in der Schmucknische (*tokonoma*) eines Raumes aufgehängt. Heutzutage ist das Aufspannen jedoch sehr teuer, da dieser Handwerksberuf nicht mehr von vielen Menschen ausgeübt wird.

Eine weitere typisch japanische Papierform, die gerne zu kalligraphischen Zwecken benutzt wird, ist das *shikishi* (24 x 27 cm) – ein bereits mit Karton verstärktes Papier, das mit einem Goldrand verziert ist.

Gedicht mit dem Titel »Man hört die Schwalben nicht singen«

Seite 17:
Karte mit den beiden großen Schriftzeichen »Einladung« auf der rechten und der Datumsangabe »Jahr 2001, August, 26.« auf der linken Seite.

Sonstiges

Neben den genannten »vier Kostbarkeiten« gibt es noch einige weitere Gegenstände, die zum Schaffen eines Schreibkunstwerks benötigt werden. Dazu gehören

- ein Papierbeschwerer,
- ein kleiner Behälter mit Wasser sowie
- eine saugfähige Unterlage (*shitajiki*).

Letztere besteht meist aus einem mindestens 28 x 36 cm großen Filzstück oder einem ähnlichen, d. h. saugfähigen und gleichzeitig nach unten wasserundurchlässigen Material. Diese Unterlage wird direkt unter das zu beschreibende Papier gelegt, weshalb sie zum einen nicht zu weich sein darf. Da außerdem die auf das Papier gebrachte Tusche oft durch das Papier dringt und von der Unterlage aufgesaugt wird, empfehlen sich dunkle Farben, wie Dunkelgrün, Dunkelblau oder Schwarz.

招待
二千一年八月二十六日

Stempel (Siegel)

Ein weiterer Gegenstand, der bei der Fertigung einer Kalligraphie Verwendung fndet, ist der Stempel mit dem Siegel, das als Signatur des Schriftkünstlers unter das fertige Werk gesetzt wird. Das Setzen des Stempels beendet den Schaffensprozess.

Shubunin-Siegel (Positiv-Druck) mit Schriftzeichen in der Siegelschrift. Die Zeichen Yoshihara in der oberen Zeile (von links nach rechts) und das Zeichen Tomo in der unteren Zeile.

Geschichtliche Entwicklung

Die Siegel sind fester Bestandteil eines kalligraphischen Werks, haben aber im Laufe ihrer Geschichte selbstständige Bedeutung gewonnen. Seit der Song-Dynastie (1127–1279 n. Chr.) benutzt man anstelle des früher bevorzugt verwendeten Kupfers weiche Steine als Stempelmaterial. Nun konnten die Schriftmeister die Siegel nach eigenen Vorstellungen selbst anfertigen, ohne auf spezialisierte Handwerker angewiesen zu sein. Zu diesem Zeitpunkt entstand, eng verknüpft mit der traditionellen Schriftkunst *shodo*, die eigenständige Kunstform des Siegelschneidens (*tenkoku*). Dabei ging es vor allem um das Meißeln der speziell dafür entwickelten Siegelschrift (*tensho*) in das jeweilige Material. Seitdem wird die Vollendung eines Schriftkunstwerkes mit einem selbst geschnitzten Siegel sehr geschätzt.

Hakubunin-Siegel (Negativ-Druck) mit den Siegelschriftzeichen für Yoshihara von oben nach unten geordnet.

Stempel werden heute aber nicht nur als Unterschrift in der Schreibkunst verwendet, sondern stellen das offizielle Unterzeichnungsmittel in der japanischen Gesellschaft dar. Diese im Alltagsleben der Japaner verwendeten offiziellen Stempel werden unter dem Überbegriff *inkan* zusammengefasst und dürfen nicht mit den selbst geschnitzten Siegeln für kalligraphische Werke verwechselt werden. Die Japaner benutzen die *inkan* zur Quittierung einer Paketlieferung ebenso wie zur Abwicklung von Bankgeschäften oder Verträgen in Milliardenhöhen.

Stempelarten

Die in der Kalligraphie verwendeten Siegel werden – entsprechend ihrem Inhalt – in vier Kategorien unterteilt:

Es gibt zum einen Stempel mit dem Namen des Schriftkünstlers (*seimeiin*). Kalligraphen nicht japanischer Abstammung haben die Möglichkeit, ihren Namen im *katakana*-Alphabet (siehe Seite 30) zu schreiben. Das *seimeiin* wird normalerweise links oben oder unten platziert.

Daneben kann der Stempel auch ein Pseudonym (*ateji*) des Künstlers enthalten. Diese Siegel werden *gagoin* genannt. Das *gagoin* wird meist unter das *seimeiin* (siehe oben) gesetzt.

Und schließlich gibt es zwei Sorten von Siegeln mit kurzen Gedichten, einem Leitsatz, Motto o. Ä., die als *kanbouin* oder *yuin* bezeichnet werden. Diese beiden Stempelformen unterscheidet man nach ihrer Lage auf dem Blatt: Während das *kanbouin* rechts oben gestempelt wird, platziert man das *yuin* rechts unten. Sie werden jedoch niemals zusammen auf ein beendetes Werk gesetzt.

Die Anzahl der verwendeten Zeichen kann, genau wie die Größe des Siegels, frei gewählt werden. Auch bezüglich des Inhalts oder Motivs besteht völlige Freiheit, Sie könnten also beispielsweise auch einen von Ihnen besonders geschätzten Begriff im japanischen Alphabet schreiben (siehe hierzu Seite 30) oder einfach eine geometrische Form als Zeichen verwenden.

Außerdem kann man die Stempel auch nach ihrer Herstellungsart unterscheiden: Es gibt die Siegel, bei denen die Zeichen herausgeschnitten werden (*hakubunin*). Beim Stempeln eines solchen Siegels erscheint der Hintergrund rot, das Zeichen weiß (Negativ-Druck). Lässt man hingegen die Zeichen stehen und schneidet den Rest der Stempelfläche weg, handelt es sich um ein *shubunin*-Siegel (Positiv-Druck).

Stempel inkan mit der Aufschrift »Yoshihara«, der als offizielles Unterzeichnungsmittel anerkannt ist.

Stempelfarbe

In Japan verwendet man traditionell eine rote Stempelpaste, die von ihrer Konsistenz her wesentlich dicker ist als die in Deutschland übliche Stempelfarbe. Es ist aber auch möglich, die handelsüblichen roten Stempelkissen zu verwenden. Man sollte den Specksteinstempel sofort nach Benutzung auswaschen, da dieser die rote Stempelfarbe aufsaugt und sich verfärbt.

Anfertigung

Um Stempel selbst herzustellen, benutzen Sie am besten einen Speckstein, der sich besonders gut bearbeiten lässt. Zuerst sägen Sie einen kleinen Block in gewünschter Größe aus. Allerdings sollte der Stempel für den späteren praktischen Gebrauch mindestens 4 bis 5 cm hoch sein. Die Größe der Stempelfläche richtet sich nach dem Schriftkunstwerk und nach den persönlichen Bedürfnissen. Es gibt keine Standardform oder Größe. Man kann runde oder rechteckige Siegel in beliebiger Größe verwenden. Als Ausgangsform ist es jedoch ratsam, eine quadratische Grundfläche von etwa 1 bis 2 cm Seitenlänge zu erstellen, wobei die Größe der Fläche sich auch nach der Länge des Namens bzw. der Anzahl der unterzubringenden Zeichen richtet.

Glätten der Stempelfläche

Die Stempelfläche muss möglichst eben sein und deshalb geglättet werden. Eventuelle Unebenheiten sind später schwer zu beheben, fallen aber recht deutlich auf, da das Stempelmaterial Speckstein im Gegensatz zu den »normalen« Kunststoffstempeln nicht elastisch ist.

Zum Glätten der Oberfläche arbeiten Sie von grob nach fein, d. h. zuerst wird mit einer Feile oder sehr grobem Schmirgelpapier vorgearbeitet und dann immer feineres Schmirgelpapier verwendet. Schmirgelpapier ist deshalb besonders zur Bearbeitung zu empfehlen, weil man es auf eine ebene Fläche legen und den Stempel in gleichmäßigen Kreisbewegungen über das Papier bewegen kann (siehe Zeichnung unten).

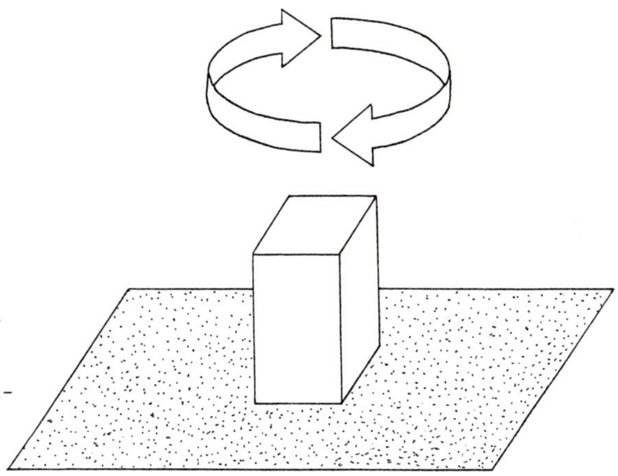

Zum Glätten der Stempelfläche setzen Sie diese auf Schmirgelpapier und drehen den Stempel in gleichmäßigen Kreisbewegungen.

Übertragen des Motivs

Nun muss das Siegelmotiv spiegelverkehrt auf den Stempel übertragen werden. Dies ist die größte Schwierigkeit bei der Stempelherstellung. Drei Methoden bieten sich hierfür an:

- Die schwierigste Möglichkeit ist das direkte, spiegelverkehrte Aufbringen des Motivs auf den Stempel. Hier ist besonders darauf zu achten, das ästhetische und kompositorische Erscheinungsbild trotz Spiegelverkehrtheit zu wahren.
- Zum zweiten lässt sich das Motiv mit Hilfe eines Spiegels auf den Stein übertragen (siehe Zeichnung). Auch hier liegt die Schwierigkeit im spiegelverkehrten Schreiben, wobei durch die seitenrichtige Ansicht im Spiegel allerdings eine permanente Kontrollmöglichkeit gegeben ist.
- Als dritte Variante kann man den Stein in ein Stück Papier pressen, das auf einem weichen Untergrund ausgelegt wird. So zeichnen sich die Umrisse der Stempelfläche auf dem Papier ab. In diesen Abdruck malt man nun mit einer dicken Tinte das Motiv und presst den Stempel erneut in den Abdruck. Diese beiden Arbeitsschritte müssen sehr schnell aufeinander folgen, damit die auf das Papier aufgetragene Tinte inzwischen nicht trocknet. Trotzdem ist es bei dieser Methode jedoch meistens so, dass Teile des Stempels nicht ausreichend bedruckt sind. Ist dies der Fall, lassen sich die Fehlstellen nach der ersten oder zweiten Methode vervollständigen.

Das Siegelmotiv muss mit dem Pinsel seitenverkehrt auf die Stempelfläche übertragen werden. Praktisch ist es, hierfür zur Kontrolle einen Spiegel zur Hilfe zu nehmen.

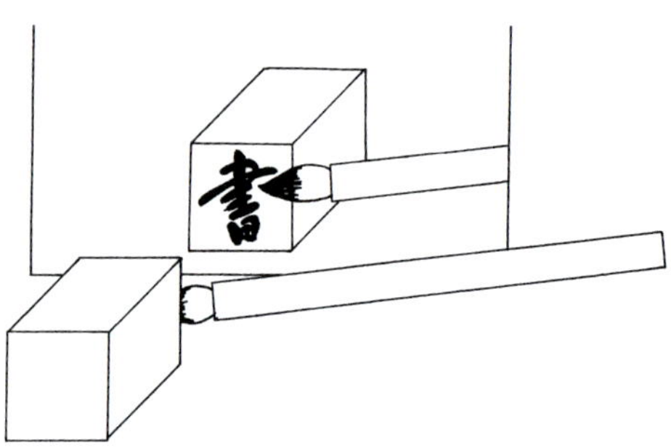

Seite 21, obere Hälfte:

shubunin-Stempel, deren Schriftzeichen erhaben geschnitten sind und daher in der Stempelfarbe Rot erscheinen:

1 Miharu no in (Stempel von Miharu)
2 Tomoko
3 Mio
4 Chikoto
5 Tanigutshi Mao
6 Sawa Yoshiki in (Stempel von Sawa Yoshiki)
7 Iwaki no in (Stempel von Iwaki)
8 Kawaii Ichirou
9 Nakanishi Eni
10 Hirotaka
11 Kuni
12 Kuniyuki
13 Nakanishi Mie
14 Kuni

Seite 21, untere Hälfte:

hakubunin-Stempel, deren Schriftzeichen aus der Stempelfläche herausgeschnitten sind und deshalb nicht drucken bzw. weiß bleiben (Negativ-Druck):

15 Emi no in (Stempel von Emi)
16 Yoshida Seizou
17 Nakayama Hiroki
18 Yukari in (Yukaris Stempel)
19 Akiko in (Akikos Stempel)
20 Ryu
21 Asuka no in (Stempel von Asuka)
22 Terada Satoshi in (Terada Satoshis Stempel)
23 Satake Aya in (Satake Ayas Stempel)
24 Akihiko
25 Kitagawa Kuniyuki
26 Kuniyuki
27 Kuni
28 Kitagawa Kuniyuki

Schnitzen des Motivs

Der nächste Schritt in der Stempelherstellung ist das Schnitzen des Motivs. Grundsätzlich haben Sie die Möglichkeit, die Zeichen positiv zu schnitzen, d. h. erhaben in der Stempelfläche stehen zu lassen, oder sie umgekehrt (negativ) aus der Fläche herauszuschneiden (siehe auch Stempelarten, Seite 18).

Zum Schnitzen kann man beinahe jedes Messer verwenden, da der Speckstein sehr leicht zu bearbeiten ist. Die Palette reicht von speziellen Specksteinmessern über Holzschnitzmesser bis hin zu normalen Haushaltsmessern. Am sinnvollsten ist es, die Wahl des Arbeitsgeräts danach zu treffen, mit welchem Werkzeug Sie am besten umgehen können.

Bei der Ausarbeitung selbst ist vor allem wichtig, dass der Anspruch an Perfektion nicht zu hoch gesteckt ist: Sollte einmal ein Stückchen zu tief geschnitzt oder eine Linie abgebrochen sein, so macht dies nichts aus. Bei einem Siegel zählt der Gesamteindruck, die ästhetische Erscheinung des Stempels als Ganzes. Daher werden sogar oft absichtlich Teile von Stempeln »verschnitten«, da dies älter und damit wertvoller und schöner wirkt.

shubunin-Stempel

1

2

3

4

5

6

7

8

9

10

11

12

13

14

hakubunin-Stempel

15

16

17

18

19

20

21

22

23

24

25

26

27

28

Grundtechniken

Sitzhaltung und Arbeitsplatz

Zum Kalligraphieren sollte man aufrecht an einem geräumigen Tisch sitzen. Die gerade und ruhige Körperhaltung mit dem entsprechenden Abstand zum Papier ist notwendig, um ein sauberes Ergebnis zu erzielen; dennoch ist es wichtig, sich dabei nicht zu verkrampfen.

Am Arbeitsplatz werden alle notwendigen Materialien und Hilfsmittel sinnvoll angeordnet: Das Papier wird auf der Unterlage platziert und am oberen Rand beschwert. Tuschereibstein und Pinsel liegen stets nebeneinander auf einer Seite des Malgrundes, damit beim Aufnehmen der Tinte nicht auf das Blatt getropft wird. Die zu kopierende Vorlage (*tehon*) wird auf die andere Seite neben das Blatt gelegt. Auch ein kleiner Behälter mit Wasser und der Tuscheriegel müssen griffbereit platziert werden, da oftmals die Tinte ausgeht und man die Tusche erneut anreiben muss.

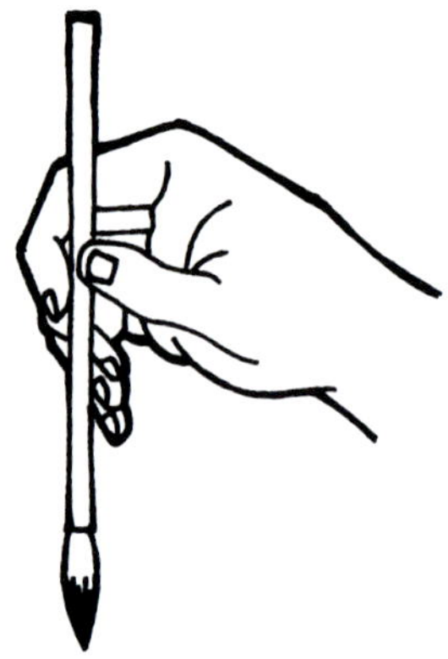

Der Pinsel wird senkrecht zum Papier gehalten und von zwei oder drei Fingern in einer Höhe von ein Drittel bis zu zwei Dritteln des Pinselstiels umfasst.

Pinselhaltung

Die Pinselhaltung für die japanische Kalligraphie unterscheidet sich von der in Europa üblichen. Nach den traditionellen Regeln wird der Pinsel fest und unbeweglich gehalten – und zwar in den meisten Fällen an einem Punkt, der sich in etwa zwischen einem Drittel und der Hälfte des Stiels – von unten gemessen – befindet. Nur bei der sehr bewegten und dynamischen Kursivschrift (*sosho*) sollte der Pinsel etwa bei zwei Dritteln des Stiels gehalten werden, um so die Reichweite zu erhöhen. Der Stiel wird vom Daumen sowie ein oder zwei weiteren Fingern – je nach Größe der zu schreibenden Schriftzeichen – umspannt. Dabei sollen die Finger insgesamt keine verkrampfte Faust bilden, sondern nur leicht geschlossen sein: Für eine gute Pinselhaltung, im Japanischen als *hatto* (»leicht den Steigbügel berühren«) bezeichnet, muss gerade noch ein Ei in die Höhlung der Hand passen.

Bei Normalschrift (*kaisho*) soll der Pinsel stets senkrecht zur Schreibfläche gehalten werden. Lediglich bei dem sehr bewegten Schrifttyp *sosho* (Kursivschrift) und dem *hiragana* (Alphabet) ist der Pinselstiel etwas freier in der Hand beweglich. Unabhängig vom Schrifttyp kommt die Bewegung jedoch stets aus dem Schultergelenk, kaum aus dem Ellenbogen und noch seltener aus dem Handgelenk. So ist gewährleistet, dass nicht die Hand alleine die Bewegung steuert, sondern dass sich die gesamte Persönlichkeit und der Charakter des Schriftkünstlers unmittelbarer und unverfälschter auf das Blatt übertragen. Man sollte aus diesem Grund weder das Handgelenk noch den Ellenbogen auf den Tisch legen bzw. die den Pinsel führende Hand mit der anderen Hand stützen.

Zur »Pinselführung«, Seite 23, links oben:

Der Wechsel zwischen Schmaler- und Breiterwerden der Linie erfolgt durch die Auf- und Abbewegung des Pinsels.

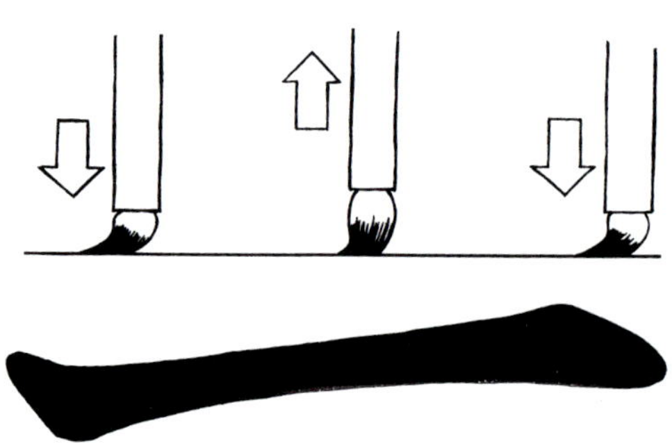

Pinselführung

Der Rhythmus von Druck und Nachlassen während des Schreibprozesses, der sich als Verbreiterung und Schmalerwerden der Linien auf dem Papier zeigt, unterliegt ästhetischen Vorschriften. Auch die Art und Weise, wie eine Linie begonnen oder beendet wird, folgt bestimmten Gesetzmäßigkeiten.

Die wichtigsten Techniken der Pinselführung lassen sich besonders gut an dem Schriftzeichen *ei* (Ewigkeit, siehe Seite 40) beschreiben.

Beginn der Linien

In den meisten Fällen beginnen die Linien mit einem 45-Grad-Winkel zum horizontalen oder vertikalen Bildrand.

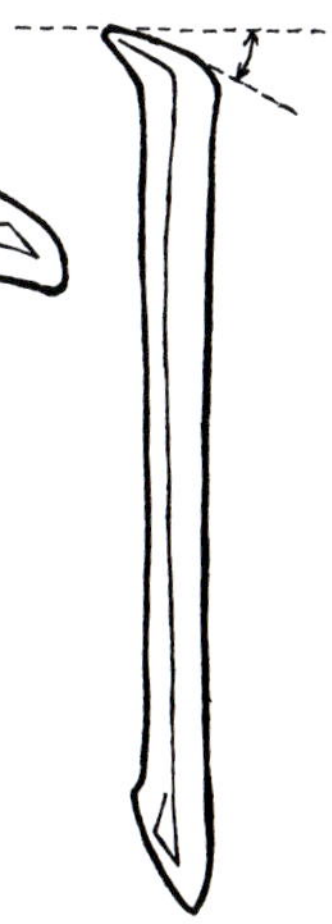

Der Beginn der Linie wird meist im 45-Grad-Winkel zur Horizontalen oder Vertikalen gesetzt.

Auszug aus einem Klassiker, Ursprung: Mokkan (Han-Dynastie, 202 v. Chr. – 220 n. Chr., in China), geschrieben von Hirose Toshie

Auslauf der Linien *(siehe Bildleiste unten)*

Ein häufig anzutreffender Auslauf ist der »Schweif« oder »Schlenzer« (*haneru*). Hierbei wird der von oben kommende Strich im 45-Grad-Winkel zur Horizontalen nach links oben zurückgeführt; dabei läuft die Linie spitz aus.

Die so genannte »Schwertklinge« (*nuku*) ist ein leicht geschwungener Strich nach rechts oben, der allmählich ausläuft. Dieser Auslauf wird dadurch erzielt, dass man den Druck, den man auf den Pinsel ausübt, allmählich verringert, während man den Pinsel nach rechts oben bewegt.

Die so genannte »Drachenkralle« (*ryuzume*) verläuft von rechts oben nach links unten; sie entspricht damit einer umgekehrten Schwertklinge, jedoch in verkürzter Form.

Der Auslauf mit der Bezeichnung »Spatel« (*kuwa*) ist ein sich gegen Ende hin verbreiternder Schwung, der im Anschluss daran ausläuft. Das bedeutet, dass der Strich mit wenig Druck des Pinsels auf das Papier beginnt, kurz vor Ende durch größeren Druck verbreitert wird und schließlich mit abnehmendem Druck endet.

Punkt (*ten*)

Ein Punkt (*ten*) beginnt genau wie eine Linie, also mit einem 45-Grad-Winkel, hat jedoch keinen Auslauf wie eine Linie, sondern wird auf der Stelle beendet.

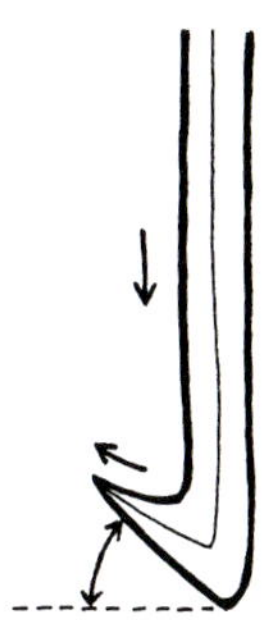

»Schweif« oder »Schlenzer« (haneru) als Auslaufform der Linie

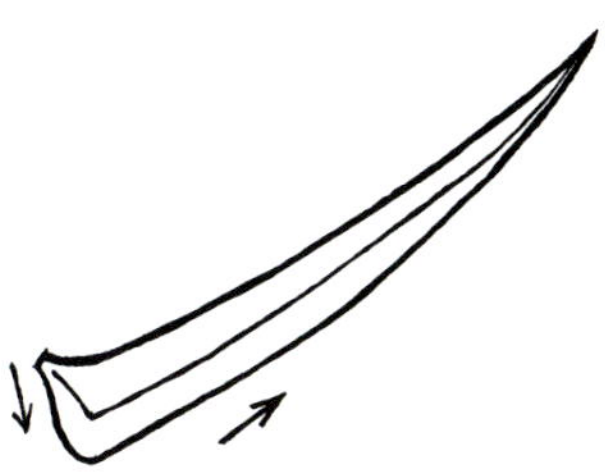

»Schwertklinge« (nuku) von links unten nach rechts oben

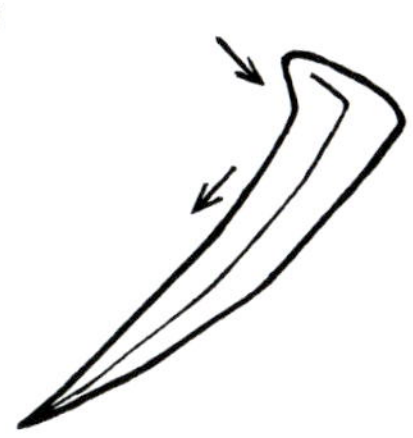

»Drachenkralle« (ryuzume) von rechts oben nach links unten

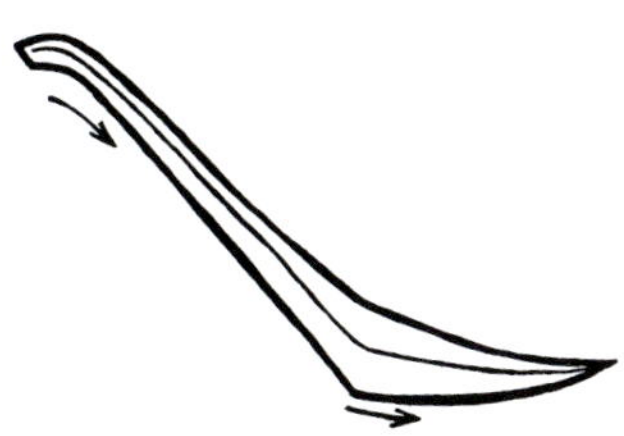

»Spatel« (kuwa) mit Verbreiterung zum Ende hin und spitzem Auslauf

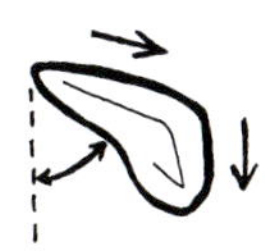

Ein Punkt (ten) beginnt wie eine Linie – mit einem 45-Grad-Winkel

Grundregeln für das Kalligraphieren

Es gibt nur zwei wichtige Regeln, die beim Schaffen einer kalligraphischen Arbeit unbedingt beachtet werden müssen; ansonsten sind der künstlerischen Freiheit in der japanischen Schriftkunst keine Grenzen gesetzt. Die beiden Regeln sind einfach zu merken und plausibel, aber auch manchmal schwer einzuhalten.

Regel 1: Schreibfolge

Die erste Regel besagt, dass die Linien und Striche, aus denen die jeweiligen Schriftzeichen und Buchstaben bestehen, nur in einer genau vorgegebenen Reihenfolge geschrieben werden dürfen. Im Allgemeinen bedeutet dies, dass ein Schriftzeichen bzw. Buchstabe von oben nach unten und von links nach rechts geschrieben werden muss. An dieser Tatsache orientiert sich die Reihenfolge der Linien beim Schreiben.

Diese vorgegebene Reihenfolge bezeichnet man im Japanischen als Schreibfolge (*kakijun* oder auch *hitsujun*). Die Regel besitzt ihre Gültigkeit nicht nur in der Schreibkunst, sondern auch im Alltagsgebrauch der Schriftzeichen.

Ein Abweichen von der vorgeschriebenen Abfolge hat meist zur Folge, dass das Schriftzeichen in seiner Form unstimmig, unausgewogen oder schlichtweg falsch wirkt. In den modernen Schriftkunstwerken kann man jedoch ab und an ein Hinwegsetzen über diese Konvention beobachten.

Befolgt man die kakijun-Regel und achtet auf die Struktur des Zeichens, erhält man ein ausgewogenes Schriftzeichen (Beispiel: »Blume«, Beschreibung siehe Seite 41).

Bei diesem Schriftzeichen (»Blume«, Beschreibung siehe Beschreibung Seite 41) ist die Schreibfolge (kakijun) in allen Teilen verkehrt, wodurch die Striche des Zeichens nicht stimmig und harmonisch aufeinander bezogen sind. So ist der eigentlich dritte Strich bereits als zweites gesetzt, wodurch er am Ende einen Schlenzer (haneru) nach links macht, statt nach unten gerade auszulaufen. Die Vertauschung der Reihenfolge des vierten und fünften Strichs fällt nicht so schwer ins Gewicht, während die Verwechslung von sechstem und siebtem Strich doch wiederum sehr offensichtlich ist.

Auch dieses Schriftzeichen für Blume (hana) ist ein Beispiel für eine unausgewogene Gesamtstruktur. Der obere waagrechte Teil ist im Vergleich zum unteren Teil zu breit geraten, wodurch das Zeichen in seiner Gesamtumrissform kein Quadrat bildet.

Regel 2: Verbot des Zweifachschreibens

Die zweite und in der Schriftkunst sehr wichtige Regel ist das so genannte *niju-kaki* (wörtlich übersetzt »Zweifachschreiben«). Diese Vorschrift beinhaltet das Verbot, ein bereits geschriebenes Schriftzeichen nachträglich zu verändern. Die Schriftzeichen bleiben auf diese Weise mit all ihren Fehlern und Makeln bestehen; aber genau dies verleiht dem Werk »Leben« und Bewegung.

Befolgt man diese Regel nicht, wird nach Vorstellung der Schriftkünstler jeder Ausdruck von Emotion und Persönlichkeit im Werk abgetötet.

Das Schriftzeichen für Blume, geschrieben in der richtigen Reihenfolge. Befolgt man die kakijun-Regel (Schreibreihenfolge der Zeichen), so wird man feststellen, dass man die jeweiligen Striche sehr effektiv hintereinander setzen kann. Der Pinsel folgt sehr runden und harmonischen Bewegungen (veranschaulicht durch die gestrichelten Linien) von einem Strich zum nächsten.

Unten rechts:
Karte und Briefumschlag mit den Zeichen für »Brief«

Die gedachten Verbindungslinien gelten nicht nur für die einzelnen Bestandteile des Schriftzeichens, sondern auch für die jeweiligen Schriftzeichenelemente untereinander.

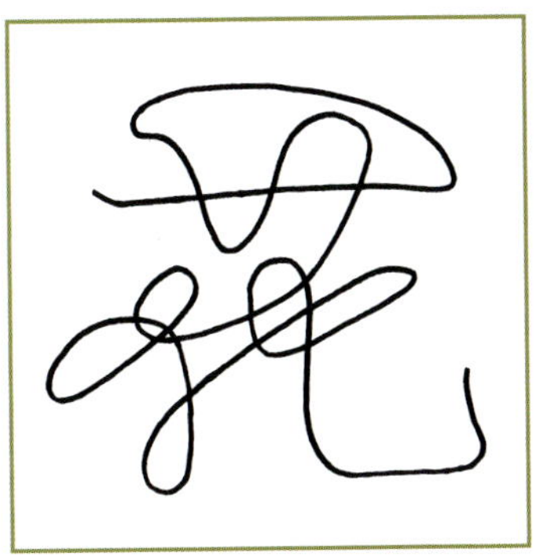

Betrachtet man den Bewegungsablauf des Pinsels insgesamt, ergibt sich ein Bild, das aus Kurven und Rundungen besteht.

Nach diesem Prinzip lassen sich alle Schriftzeichen wiedergeben. Um ein dynamisch wirkendes Schriftzeichen zu schaffen, muss der Herstellungsprozess an sich dynamisch sein. Zu dem Bewegungsablauf in der Ebene kommt die harmonische Auf- und Abbewegung des Pinsels, wodurch die Linien geformt werden.

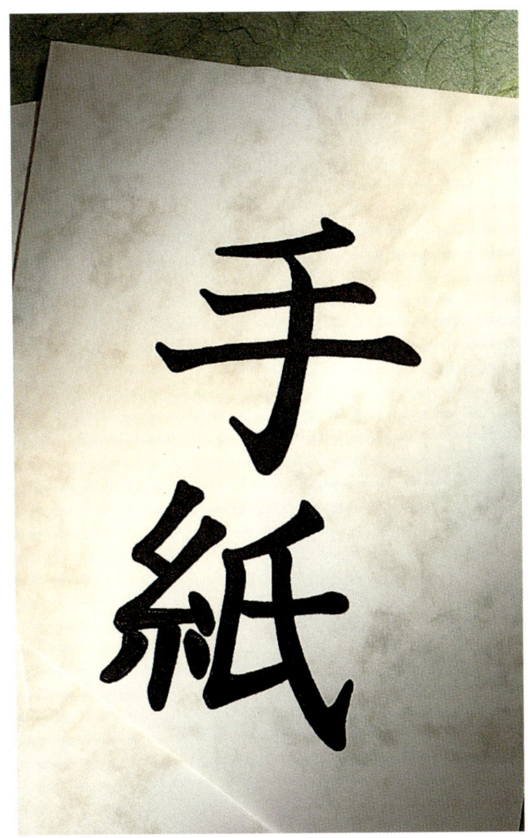

Komposition

Die Aspekte, die beim Schaffen eines Schriftkunstwerks eine Rolle spielen, sind vielfältig. Als wichtigste Punkte sind hierbei folgende zu nennen:

Die Struktur des Zeichens (kekkoho)

Bei der Beurteilung der Struktur eines Zeichens geht es vor allem um die richtige Lage der einzelnen Striche und Linien zueinander und um die Gesamtumrissform des Zeichens, die meist ein Quadrat darstellt. Hält man sich an die Vorgaben und Regeln der Schriftkunst, so ist die Struktur und Form des Zeichens (*kekkoho*) stimmig, auch wenn es sehr vereinfacht, stilisiert oder verfremdet wird. Zu einer Verfälschung der ursprünglichen Schriftzeichenstruktur kommt es meist dann, wenn man die *kakijun*-Regel (Schreibreihenfolge) oder die *nijukaki*-Regel (das Verbot des Zweifachschreibens oder Verbesserns) missachtet.

Der »leere Raum« (kukan)

Die Lage der Schriftzeichen zueinander und ihre Lage in Bezug auf den Malgrund wird unter dem Begriff *kukan* zusammengefasst. *kukan* bedeutet wörtlich übersetzt »leerer Raum«. Hier geht es vor allem um den gelungenen Kontrast zwischen dem Weiß des Malgrunds und dem Schwarz der Schrift, der den grundlegenden Aspekt der Schriftkunst ausmacht. Dieser Kontrast zwischen den »Nichtfarben« soll für die Spannung im Bild sorgen.

Die zu eng geratenen Striche bei diesem Zeichen stören das Verhältnis von schwarzer zu weißer Bildfläche. Das Schriftzeichen Blume wirkt gedrungen und zu füllig.

Im Gegensatz zum ersten Beispiel ist das Zeichen in diesem Fall zu aufgelockert. Die einzelnen Elemente haben sich zu weit voneinander entfernt. Das Schriftzeichen bildet kein imaginäres Quadrat mehr, und das Verhältnis von Weiß und Schwarz ist dadurch empfindlich gestört.

Unten:
Zwei Grußkarten, links mit dem Zeichen Sommer, rechts mit dem Zeichen Winter.

Die Linie (sen)

Auch die Qualität der Linie (*sen*) ist wichtig, wenn es um die Komposition eines Schriftkunstwerks geht. Der Ausdruck eines Schriftzeichens kann über die Form und den Verlauf der Linien positiv, aber auch negativ beeinflusst werden.

Ein wichtiger Aspekt für die positive Erscheinung eines Schriftkunstwerks besteht in der Dynamik. Das heißt, die Linien dürfen weder statisch noch breit und unbeweglich wirken, sondern müssen sich alternierend verjüngen und verbreitern. So sollte eine harmonische und bewegte Linie in ihrer Mitte schmäler als an ihren Enden sein.

Neben der Dicke der Linien fällt ein weiterer Gesichtspunkt unter den Begriff der Linienqualität, nämlich die äußere Form der Linie. Hier gibt es zwei grundlegende Unterscheidungen: Gerade Linien sind stark, solide und klar; geschwungene Linien sind vornehm, weiblich und bewegt. Würde man also beispielsweise versuchen, das Schriftzeichen für »Mann« mit geschwungenen Linien wiederzugeben, so würde es tendenziell schwach, weiblich, aber auch vornehm anmuten.

Das Setzen des Stempels

Erst nach dem Setzen des Stempels gilt das kalligraphische Werk als beendet. Zum Platzieren des Stempels gibt es einige Grundregeln (siehe Stempelarten, Seite 18), doch an welcher Stelle genau der Stempel sitzt, steht dem Künstler frei. Hier muss die Gesamtkomposition des Blattes in Betracht gezogen werden. Denn Gleichgewicht und Harmonie eines Schriftzeichens können durchaus durch einen schlecht gesetzten Stempel ge- oder zerstört werden.

Verfremdete Wirkung bei einem Schriftzeichen, weil die Dynamik durch den Wechsel der Strichdicken in den Linien fehlt. Das Zeichen erscheint sehr satt, schwer und statisch. Im Bild rechts auf dem Übertopf ist das Schriftzeichen dagegen gut ausgeführt.

Grundlagen des Schriftsystems

Die meisten Sprachen weltweit, darunter auch das Deutsche mit dem lateinischen Alphabet, bedienen sich phonetischer Symbole (Buchstaben), um das Gesprochene in Geschriebenes umzuwandeln. Jedem Laut wird ein Buchstabe zugeordnet, und ein Wort, bestehend aus einer bestimmten Kombination von Lauten, wird in der entsprechenden Folge mehrerer Buchstaben geschrieben. Der Vorteil dieser phonetischen Systeme liegt in der relativ kleinen Anzahl von Buchstaben, die notwendig sind, um die Sprache in Schrift umzusetzen. So genügen beispielsweise das lateinische Alphabet mit 26 Zeichen, ergänzt durch vier deutsche Sonderzeichen (ä, ö, ü, ß), um die deutsche Sprache schriftlich zu erfassen.

Das Japanische und das Chinesische dagegen bauen – als einzige der heute noch existierenden hoch entwickelten Sprachen – ihr jeweiliges Schriftsystem auf Ideogrammen (Begriffszeichen) auf. Dies bedeutet, dass jedem Wort ein Begriffs- bzw. Schriftzeichen zugeordnet ist. Im Gegensatz zu den phonetischen Systemen wird somit für das Schriftsystem ein erheblich größerer Zeichenvorrat benötigt. Dieser umfangreiche Zeichenvorrat ist ein großer Nachteil, wenn es um die Tauglichkeit der Schrift im Alltag geht.

Das Japanische verfügt über zwei alphabethische Systeme mit phonetischen Symbolen, die für sich alleine bereits jeweils 46 Zeichen umfassen. Ferner gibt es, was weitaus hinderlicher im Alltag ist, die von China übernommenen Schriftzeichen. So enthält das »Große Wörterbuch der chinesischen Zeichen« des Japaners Tetsuji Morohashi, das vermutlich alle existierenden chinesischen Schriftzeichen erfasst, nicht weniger als 49.700 Zeichen, wobei natürlich nicht alle im Alltag Verwendung finden. Im Vergleich dieser Zahlen – 26 Buchstaben des lateinischen Alphabets gegenüber 49.700 chinesischen Schriftzeichen – zeigt sich der unterschiedliche Schwierigkeitsgrad im Gebrauch beider Systeme auf besonders frappierende Weise. Dennoch hat das japanische Volk mit der kompliziert und umständlich wirkenden »Schriftzeichenmischung« (*kanjimajiri*) aus chinesischen Wort- und japanischen Silbenzeichen in unglaublich kurzer Zeit den Anschluss an die westliche Industriewelt bewerkstelligt.

Ensemble verschiedener japanischer Wörterbücher. Es fällt auf, dass von oben nach unten und von rechts nach links gelesen wird. Man beginnt deshalb auch nach westlicher Vorstellung ein Buch »von hinten nach vorn« zu lesen.

Auszug aus einer Gedichtsammlung, Ursprung: Sotouha (Sung-Dynastie, 960 bis 1279 n. Chr., in China), geschrieben von Hikida Reiko

Alphabete

Die aus dem Chinesischen stammenden japanischen Schriftzeichen (siehe Seite 40ff.) dienen dazu, Adjektive, Verben, Substantive und japanische Namen zu schreiben. Daneben gibt es in der japanischen Schrift zwei Alphabete, die in ihrer Phonetik, d. h. den jeweiligen Lauten, identisch, in den Zeichen jedoch unterschiedlich sind.

Das *hiragana*-Alphabet dient zum Schreiben von Partikeln sowie grammatikalischen Bindewörtern. Das zweite Alphabet, das *katakana*, wird in erster Linie dazu verwendet, Fremdwörter, die nicht der japanischen Sprache angehören, wiederzugeben. Dazu gehören alle ausländischen Namen und Begriffe. Daneben kommt dieses Alphabet für die in der japanischen Sprache typischen Lautmalereien zum Einsatz.

Durch die gemeinsame Verwendung von Schriftzeichen und Silbenzeichen (*kana*) der Alphabete wird die Schrift lesbarer gemacht. Zum einen wird der Text besser gegliedert, da man die einzelnen Wörter besser voneinander abgrenzen kann. Würde man alle Schriftzeichen in *hiragana* schreiben, was theoretisch möglich wäre, so könnte man wegen des Fehlens von Leerzeichen in der japanischen Schrift den durchgehenden Text ohne Trennung der Worte nicht mehr verstehen. Zum anderen trägt der Einsatz der Schriftzeichen dazu bei, die Worte beim Lesen richtig zu verstehen. Im Japanischen gibt es sehr viele Worte, die den gleichen Laut haben und damit – in der Lautschrift *hiragana* geschrieben – nicht eindeutig definiert wären. Bei den Schriftzeichen dagegen ist für jedes Wort eine unterschiedliche Schreibweise und damit auch die Bedeutung gewährleistet.

Die Zeichen des katakana-Alphabets

Die aus Silben bestehenden *katakana* lassen sich in ein tabellarisches System einordnen. Fast alle Silben werden nämlich durch Kombination eines Konsonanten mit einem der Vokale – A, I, U, E oder O – gebildet. Dadurch entstehen verschiedene Reihen mit jeweils fünf Silbenbuchstaben, die in der Tabelle von oben nach unten verlaufen.

Die Tabelle wird traditionell japanisch von rechts nach links gelesen. Damit ist die erste Reihe nach den Vokalen A, I, U, E, O die KA-Reihe. Die Silben dieser Reihe beginnen demnach alle mit K und enden mit A, I, U, E und O. Dieses System bleibt bei allen Reihen erhalten. Einzig das N fällt dabei aus der Rolle, da es sich nicht einordnen lässt.

Um das Alphabet zu komplettieren, kann man einzelne Reihen oder Buchstaben erweitern. Zwei Striche zusätzlich rechts über einem Silbenzeichen, dessen Konsonant stimmlos beginnt – z. B. KA, SA, TA usw. –, zeigen an, dass die Silbe mit einem stimmhaften Konsonanten beginnt. So entstehen die Reihen GA, ZA, DA usw.

Einen kleinen Kreis in der rechten oberen Ecke findet man nur bei der HA-Reihe. Dadurch entsteht die PA-Reihe.

Diese Silbenzeichen alleine sind allerdings noch nicht ausreichend. Darüber hinaus gibt es kleine Buchstaben. Dies sind A, I, E, O, TSU, YA, YU und YO – auf die Hälfte der ursprünglichen Größe verkleinert. Dadurch lassen sich weitere Silben bilden. Dazu erfahren Sie mehr im Kapitel zum Bilden deutscher Namen.

Silbensystem des katakana-Alphabets in tabellarischer Übersicht.

Mit Hilfe dieses Alphabets werden fremdsprachige Begriffe, also auch deutsche Namen und Worte, in japanische Schrift umgesetzt.

WA	RA	YA	MA	PA	BA
WA ワ	RA ラ	YA ヤ	MA マ	PA パ	BA バ
	RI リ		MI ミ	PI ピ	BI ビ
WU ヴ	RU ル	YU ユ	MU ム	PU プ	BU ブ
	RE レ		ME メ	PE ペ	BE ベ
N ン	RO ロ	YO ヨ	MO モ	PO ポ	BO ボ

Hinweise zur Aussprache:

chi [tʃi] wird ausgesprochen wie das englische Wort »chips«.

shi [ʃi] wird ausgesprochen wie das englische Wort »ship«.

ya [ja] wird ausgesprochen wie das deutsche Wort »Jacke«.

yu [ju] wird ausgesprochen wie das deutsche Wort »Jugend«.

yo [jo] wird ausgesprochen wie das deutsche Wort »Joghurt«.

fu liegt in der Aussprache zwischen »fu« und »hu«.

Die r-Laute liegen in der Aussprache zwischen r, l und d.

HA	NA	DA	TA	ZA	SA	GA	KA	Reihe
HA ハ	NA ナ	DA ダ	TA タ	ZA ザ	SA サ	GA ガ	KA カ	A ア
HI ヒ	NI ニ	JI ヂ	CHI チ	JI ジ	SHI シ	GI ギ	KI キ	I イ
FU フ	NU ヌ	ZU ヅ	TSU ツ	ZU ズ	SU ス	GU グ	KU ク	U ウ
HE ヘ	NE ネ	DE デ	TE テ	ZE ゼ	SE セ	GE ゲ	KE ケ	E エ
HO ホ	NO ノ	DO ド	TO ト	ZO ゾ	SO ソ	GO ゴ	KO コ	O オ

Schreiben des katakana-Alphabets

Der Buchstabe A

Achten Sie darauf, dass Strich 2 nicht zu kurz und zu geneigt wird, sonst besteht Verwechslungsgefahr mit dem Buchstaben MA. Das A gibt es auch als kleinen Buchstaben.

Der Buchstabe I

Die beiden Striche sind ungefähr gleich lang. Strich 2 läuft allerdings stumpf aus. Den Buchstaben I gibt es ebenfalls klein.

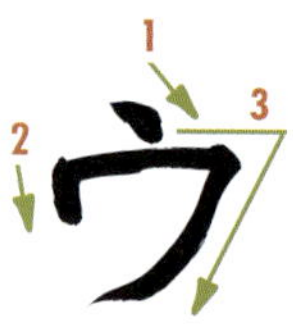

Der Buchstabe U

Strich 1 sollte nicht zu sehr vom restlichen Buchstaben getrennt sein. Er darf den dritten Strich aber auch berühren. Das U mit den zwei Zusatzstrichen (Weichheitszeichen) ist das WU.

Der Buchstabe E

Der obere Strich ist kürzer als der untere.

Der Buchstabe O

Beim Buchstaben O sollten Sie darauf achten, dass Strich 3 nicht zu lang ausfällt.

Der Buchstabe KA

Das Ende von Strich 1 muss man nach oben schlenzen. Diesen Buchstaben gibt es auch mit den zwei Strichen (GA).

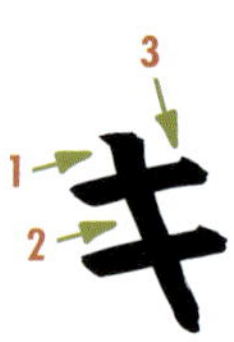

Der Buchstabe KI

Strich 2 ist etwas länger als Strich 1. Auch diesen Buchstaben gibt es mit Zusatzstrichen (GI).

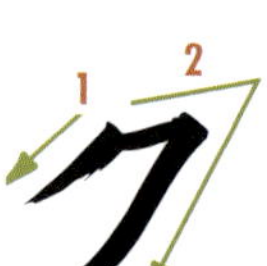

Der Buchstabe KU

Achten Sie darauf, dass Strich 1 kürzer ist als Strich 2. Die beiden Striche müssen nicht parallel verlaufen. Hier sind ebenfalls Zusatzstriche möglich (GU).

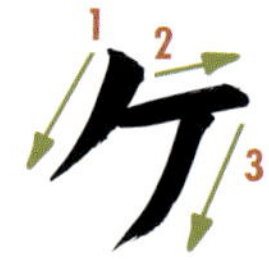

Der Buchstabe KE

Strich 1 ist kürzer als Strich 3. Die beiden Striche verlaufen parallel. Auch hier existiert die Variante mit Zusatzstrichen (GE).

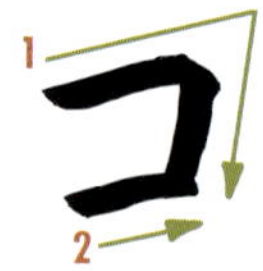

Der Buchstabe KO

Dieser Buchstabe komplettiert die KA-Reihe und ist ebenfalls mit Zusatzstrichen möglich (GO).

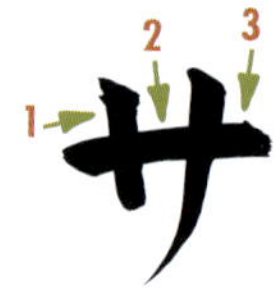

Der Buchstabe SA

Strich 2 ist kürzer als Strich 3 und läuft nicht fließend aus. Die beiden Striche sind im oberen Abschnitt parallel. Zusatzstriche möglich (ZA).

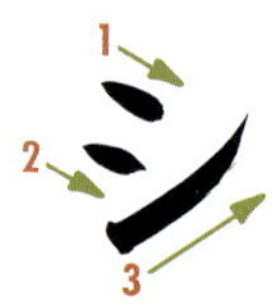

Der Buchstabe SHI

Strich 1 und Strich 2 werden von oben nach unten, Strich 3 wird von unten nach oben geschrieben. Es besteht große Ähnlichkeit zum Buchstaben TSU (siehe dort). Zusatzstriche möglich (JI).

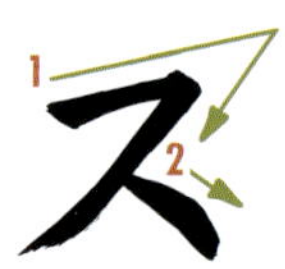

Der Buchstabe SU

Beachten Sie den Unterschied zum Buchstaben MA. Wie beim Buchstaben SHI gibt es das zur SA-Reihe gehörende SU mit den Zusatzstrichen (ZU).

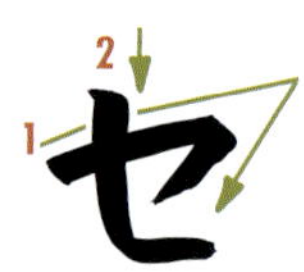

Der Buchstabe SE

Strich 1 wird zurückgeschlenzt, Strich 2 wird beim Auslaufen angehalten. Ebenfalls mit Zusatzstrichen möglich (ZE).

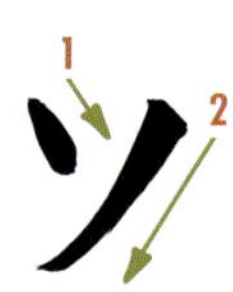

Der Buchstabe SO

Leicht zu verwechseln mit den Buchstaben RI und N. Strich 1 hat eine leichte Tendenz von links oben nach rechts unten. Zusatzstriche möglich (ZO).

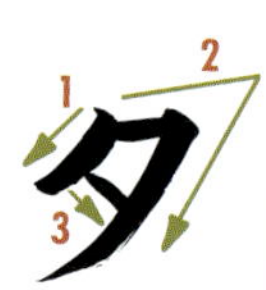

Der Buchstabe TA

Bis auf Strich 3 identisch zum Buchstaben KU. Variante mit Zusatzstrichen (DA).

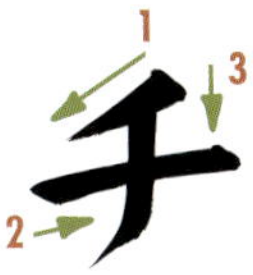

Der Buchstabe CHI
Strich 1 und Strich 2 laufen nicht parallel, sondern gegen links zusammen. Ebenfalls mit Zusatzstrichen (JI).

Der Buchstabe TSU
Leicht zu verwechseln mit dem Buchstaben SHI. Strich 1, Strich 2 und Strich 3 verlaufen von oben nach unten. Diesen Buchstaben gibt es auch mit Weichheitszeichen (ZU) und als kleinen Buchstaben.

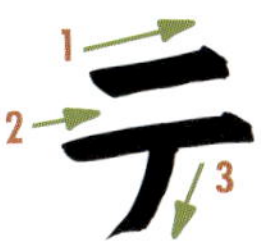

Der Buchstabe TE
Die beiden horizontalen Striche werden parallel gesetzt, wobei Strich 2 länger als Strich 1 ist. Ebenfalls mit Zusatzstrichen anwendbar (DE).

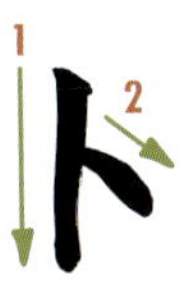

Der Buchstabe TO
Achten Sie darauf, dass Strich 2 nicht zu lang gerät. Wie alle Buchstaben aus der TA-Reihe mit Zusatzstrichen erweiterbar (DO).

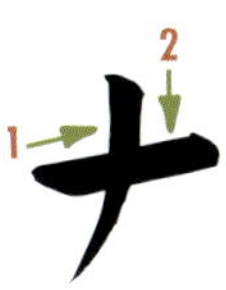

Der Buchstabe NA
Kein Kreuz zeichnen, sondern den vertikalen Strich am Ende leicht nach links laufen lassen.

Der Buchstabe NI
Zwei parallele Striche übereinander ziehen, wobei der obere etwas kürzer ist als der untere.

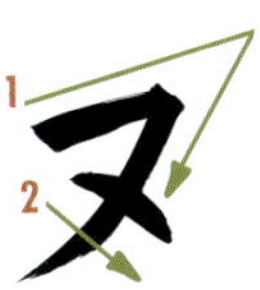

Der Buchstabe NU
Ähnelt dem A, MA oder auch SU. Im Gegensatz zum SU werden aber Strich 1 und Strich 2 überschnitten.

Der Buchstabe NE
Etwas schwierigeres Zeichen. Der obere Punkt sollte das restliche Zeichen nicht berühren.

Der Buchstabe NO
Mit nur einem Strich von rechts oben nach links unten ist das NO der einfachste Buchstabe unter den *katakana*.

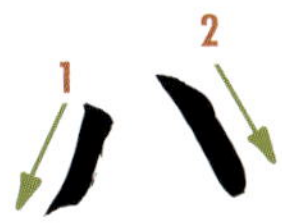

Der Buchstabe HA
Alle Buchstaben der HA-Reihe gibt es mit Weichheitszeichen (Zusatzstriche) und Verhärtungszeichen (Zusatzkreis). Das HA besteht aus zwei auseinander strebenden Strichen.

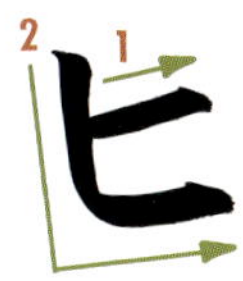

Der Buchstabe HI
Beim HI geht Strich 1 von rechts nach links.

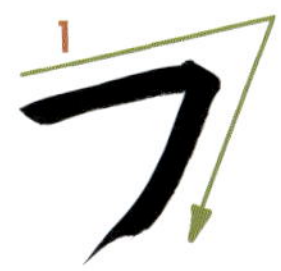

Der Buchstabe FU (HU)
Das FU fällt etwas aus dem Rahmen der HA-Reihe, da es in der internationalen Transskription mit dem Konsonanten F statt dem H verbunden ist. Der Buchstabe kommt deshalb auch sehr häufig in Kombination mit den kleinen Buchstaben A, I, E und O vor.

Der Buchstabe HE
Die linke Seite des Hakens ist kürzer als die rechte Seite.

Der Buchstabe HO
Dieser Buchstabe besteht aus einer Art Kreuz mit zwei Punkten rechts und links.

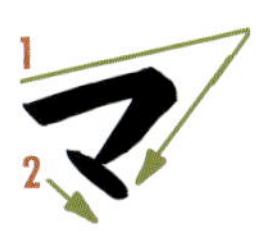

Der Buchstabe MA
Beim MA muss man besonders darauf achten, dass Strich 2 nicht zu lang oder zu vertikal gesetzt wird. Es besteht sonst hohe Verwechslungsgefahr mit den Buchstaben NU oder FU.

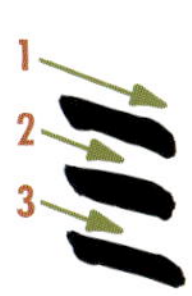

Der Buchstabe MI
Das MI besteht aus drei etwa gleich langen und parallelen, nach rechts unten verlaufenden Strichen.

Der Buchstabe MU

Beim MU steht Strich 2 nahezu senkrecht auf Strich 1.

Der Buchstabe ME

Achten Sie beim Buchstaben ME darauf, den Längenunterschied zwischen den beiden sich kreuzenden Strichen einzuhalten.

Der Buchstabe MO

Alle horizontalen Abschnitte dieses Zeichens verlaufen parallel zueinander. Der mittlere Balken ist dabei der längste.

Der Buchstabe YA

Das Ende von Strich 1 kann Strich 2 berühren, sollte aber nicht über diesen hinweglaufen.

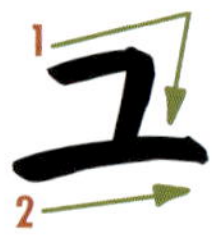

Der Buchstabe YU

Beim Buchstaben YU (nicht zu verwechseln mit KO) sollte man auf die Parallelität der beiden Linien achten.

Der Buchstabe YO

Auch das Zeichen YO besteht aus drei parallelen Horizontalen und erinnert ein wenig an ein spiegelverkehrtes lateinisches E.

Der Buchstabe RA

Der Buchstabe RA ähnelt dem Zeichen FU; er besitzt einen zusätzlichen horizontalen Strich darüber.

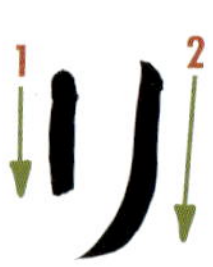

Der Buchstabe RI

Achten Sie bei dem Buchstaben RI auf die leichte Verwechselbarkeit mit dem SO. Der Unterschied liegt besonders in Strich 1. Beim RI ist dieser zum einen länger, zum anderen verläuft er gerade und vertikal.

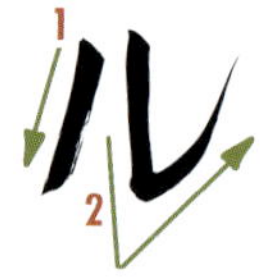

Der Buchstabe RU

Beim Buchstaben RU bewegen sich alle Linien voneinander weg. Wahren Sie auch den Abstand zwischen den beiden Strichen 1 und 2.

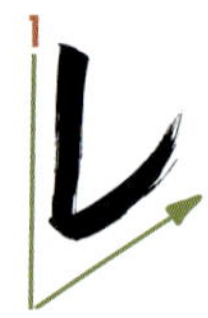

Der Buchstabe RE

Der Buchstabe RE entspricht dem rechten Teil des RU.

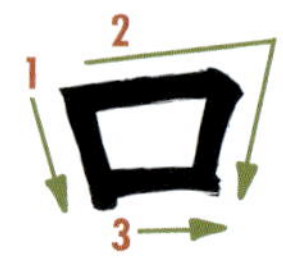

Der Buchstabe RO

Das RO entspricht einem Trapez, dass sich nach unten hin leicht verjüngt. Es kann aber auch einfach quadratisch geschrieben werden.

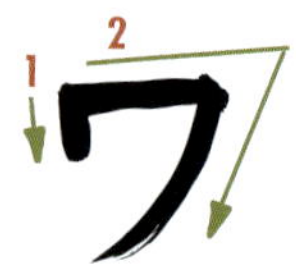

Der Buchstabe WA

Das Zeichen für WA entspricht dem Buchstaben U, jedoch ohne den oberen Punkt. Beim WA sollte Strich 1 nicht zu lang geraten.

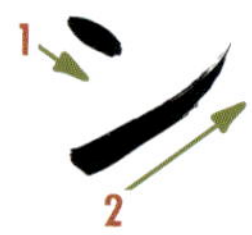

Der Buchstabe N

Achten Sie beim N darauf, Strich 2 von unten nach oben zu zeichnen. Andernfalls entsteht der Buchstabe SO. Der Buchstabe N entspricht dem Buchstaben SHI mit nur einem Strich.

Seite 35:
Weihnachtliche Grüße auf Japanisch: zwei Karten mit der Aufschrift »Fröhliche Weihnachten«

クリスマス
おめでとうございます
クリスマス
おめでとうございます

Deutsche Namen bilden

Das japanische Alphabet besteht, wie eingangs bereits erwähnt, aus Silbenzeichen. Daraus ergibt sich eine etwas gewöhnungsbedürftige Umwandlung deutscher Namen oder Begriffe in die japanische Schreibweise. Ausschlaggebender Faktor ist die richtige Aussprache, nicht die Schreibweise. Es geht also darum, sich nicht auf Buchstabengenauigkeit, sondern auf eine möglichst passende Lautübereinstimmung im Rahmen des Möglichen zu konzentrieren.

Um einen deutschen Namen zu bilden, nehmen Sie also zunächst die *katakana*-Tabelle zur Hand und setzen den Begriff Silbe für Silbe zusammen. In manchen Fällen gibt es jedoch starke Einschränkungen:

r und l

Zum einen existieren weder ein r noch ein l im Japanischen. Der Konsonant der RA-Reihe liegt in der Aussprache zwischen r, l und d. Dennoch gibt die internationale Transskription diesen Laut als r an. Wenn Sie also eine Silbe mit einem l oder r schreiben wollen, müssen Sie sich der RA-Reihe bedienen.

Tipp

Wenn eine Silbe in ihrem Laut nicht komplett korrespondiert, ist es am besten, die Silben mit einem angehängten U zu verwenden, die am neutralsten klingen (also z. B. für »Berlin« Be-ru-ri-n). In manchen Fällen klingt auch eine Silbe mit einem angehängten O am besten (wie z. B. das DO bei »An-do-re-a« für Andrea). Vergleichen Sie dazu auch die Namensbeispiele auf den folgenden Seiten.

Kleinbuchstaben

Sollte kein Buchstabe aus der Tabelle zu der gewünschten Silbe passen, gibt es auch noch die Kombinationen mit den kleinen Buchstaben. Dazu gehören A, I, E, O, TSU, YA, YU und YO.

Hängt man einen kleinen Buchstaben an einen anderen Buchstaben an, so wird lediglich der Konsonant des großen zusammen mit dem kleinen Buchstaben gelesen (siehe Beispiel »München«: aus MI + yu wird in der Aussprache »Myu«, aus HI + e wird »Hye«). Besonders häufig findet man dies beim FU. Durch das kleine a am großen FU entsteht beispielsweise ein »Fa«. Auch an den Vokal U können kleine Buchstaben angehängt werden. In diesem Fall wird bei der Aussprache dem U einfach der kleine Buchstabe angefügt. So entsteht beispielsweise aus einem U mit einem kleinen i ein UI (sprich: »Wi«). Natürlich können diese kleinen Buchstaben auch angehängt werden, wenn der große Buchstabe noch Zusatzstriche oder Kreise hat.

Das kleine TSU nimmt eine Sonderrolle ein. Es kürzt den vorhergehenden Vokal bzw. verdoppelt den folgenden Konsonanten in der Aussprache. Um den vorhergehenden Vokal zu dehnen, verwenden Sie den Strich.

Berlin	**Be ru ri n**	ベ ル リ ン
München	**Myu n hye n**	ミュ ン ヒェ ン
Hamburg	**Ha n bu ru gu**	ハ ン ブ ル グ

Seite 37: Dekoratives Gedeckensemble mit Namensschildern und Stäbchen, ein schönes Andenken an einen gelungenen Abend zum Mitnehmen für die Gäste.

のぶこ
NOBUKO
とも
TOMO
ゲルト
GERT
イローナ
ILONA
レーナ
LENA
ヴォルフガング
WOLFGANG
ヴォルフガング
WOLFGANG

Schreibweise einiger deutscher Vornamen nach dem katakana-Alphabet.

Versuchen Sie zur Übung, die Silben, aus denen die Namen zusammengesetzt sind, zu bestimmen.

Weibliche Vornamen

Alexandra	アレクサンドラ
Andrea	アンドレア
Anna	アンナ
Bettina	ベッティーナ
Bianca	ビアンカ
Carolin	カロリン
Christina	クリスティーナ
Claudia	クラウディア
Daniela	ダニエラ
Doris	ドーリス
Dorothea	ドロテーア
Eva	エーファ
Franziska	フランツィスカ
Gabriele	ガブリエーレ
Julia	ユリア
Kathrin	カトリン
Kerstin	ケルスティン
Lena	レーナ
Monika	モニカ
Nina	ニーナ
Petra	ペトラ
Simone	ジモーネ
Susanne	スザンネ
Tanja	タンヤ
Ute	ウーテ

Männliche Vornamen

Andreas	アンドレアス
Christian	クリスティアン
Dominik	ドミニク
Ernst	エルンスト
Fabian	ファービアン
Florian	フローリアン
Franz	フランツ
Gerhardt	ゲルハルト
Gregor	グレゴア
Hans	ハンツ
Jan	ヤン
Joachim	ヨアヒム
Johannes	ヨハネス
Karl	カール
Klaus	クラウス
Markus	マルクス
Michael	ミヒャエル
Peter	ペーター
Ralf	ラルフ
Reinhold	ラインホルト
Sebastian	セバスティアン
Stefan	シュテファン
Thomas	トーマス
Thorsten	トルステン
Tobias	トビアス

Schriftzeichen

Neben den beiden alphabetischen Silbensystemen gibt es in der japanischen Schrift auch die Schriftzeichen für Adjektive, Verben, Substantive und japanische Namen. Angesichts der Tatsache, dass mehr als 49.700 solcher Zeichen für bestimmte Begriffe existieren, stellen die folgenden Schriftzeichen nur eine winzige Auswahl dar, um Ihnen einige Gestaltungsmöglichkeiten für das Kalligraphieren zu eröffnen.

Das Schriftzeichen Liebe (*ai*)

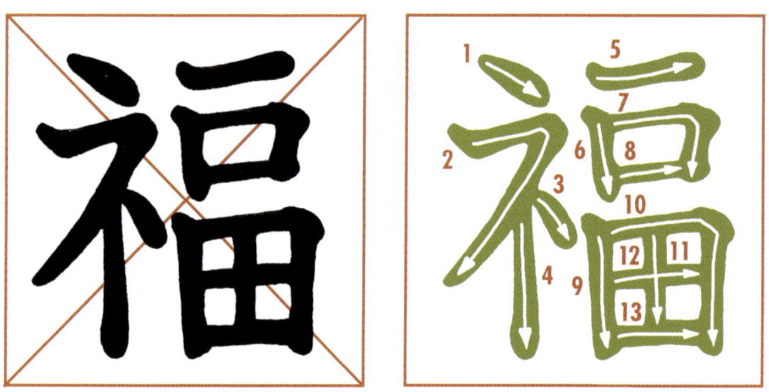

Das Schriftzeichen Glück (*fuku*)

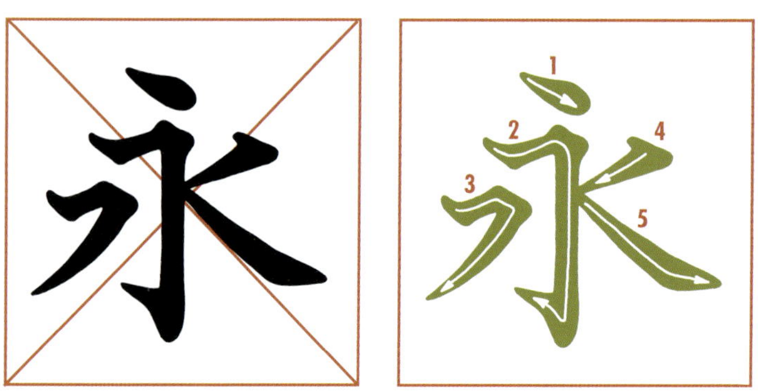

Das Schriftzeichen Ewigkeit (*ei*)

Ausgewählte Begriffe

Das Schriftzeichen Liebe (*ai*)

Dieses Zeichen besteht aus besonders vielen kurzen, dynamischen Strichen. Das Kalligraphieren beginnt mit den ersten vier Strichen im oberen Teil des Schriftzeichens. Der erste Strich ist dabei etwas länger und liegt wie eine Art Deckel über den anderen. Strich 2 und 3 verlaufen parallel und zeigen nach rechts unten, während Strich 4 nach links unten zeigt. Auch Strich 5, der den Anfang des lang gezogenen Dachs darunter darstellt, ist sehr kurz, läuft jedoch nicht so fließend aus wie die Striche 1 und 4. Auch die Striche 7, 9 und 10 sind kurz und schwungvoll; bei den Strichen 9 und 10 ist außerdem die Parallelität zu wahren. – Achten Sie hier besonders darauf, die Balance zwischen dem oberen und unteren Teil nicht zu verändern. Der obere Teil ist nur ein wenig höher und breiter als der untere.

Das Schriftzeichen Glück (*fuku*)

Dieses Schriftzeichen zählt mit seinen 13 Strichen bereits zu den schwereren. Der rechte Teil des Zeichens (Striche 5 bis 13) nimmt etwas mehr Platz ein als der linke (Striche 1 bis 4). Achten Sie besonders darauf, dass die beiden Rechtecke nicht zu statisch wirken. Man sollte also die Linienbreite in den Rechtecken leicht variieren.
Der horizontale Teil von Strich 2 ist angewinkelt und weist eine leichte Tendenz nach rechts oben auf. Die horizontalen Striche im rechten Teil des Schriftzeichens verlaufen alle weitestgehend parallel. Von der Länge her ist Strich 5 eine kleine Idee kürzer als die Striche 7 und 8, die wiederum im Vergleich zu den horizontalen Linien des unteren Vierecks kürzer sind. Das obere Viereck (Striche 6 bis 8) entspricht einem in die Breite gezogenen Rechteck, während das untere (Striche 9 bis 13) ein Quadrat darstellt.

Das Schriftzeichen Ewigkeit (*ei*)

Wie bereits im Kapitel über die Pinselführung angesprochen, ist dieses Schriftzeichen besonders interessant, da die wichtigsten Auslaufformen der Linien hier Anwendung finden. Strich 4 sowie die schrägen Anfänge von Strich 2 und 3 verlaufen parallel. Achten Sie darauf, den linken Haken (Strich 3) nicht zu nah an die große Senkrechte zu setzen.

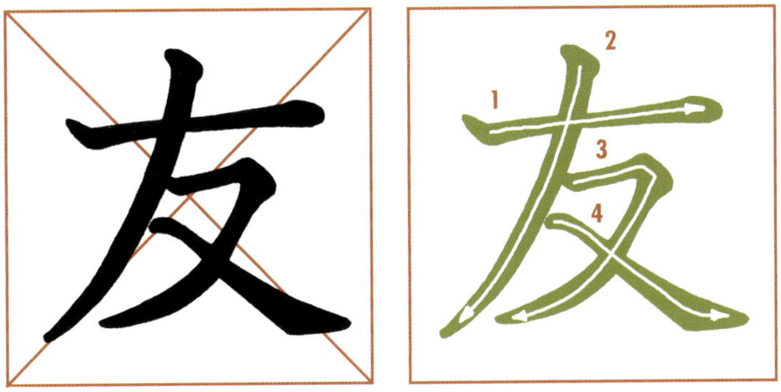

Das Schriftzeichen Freund (*tomo*)

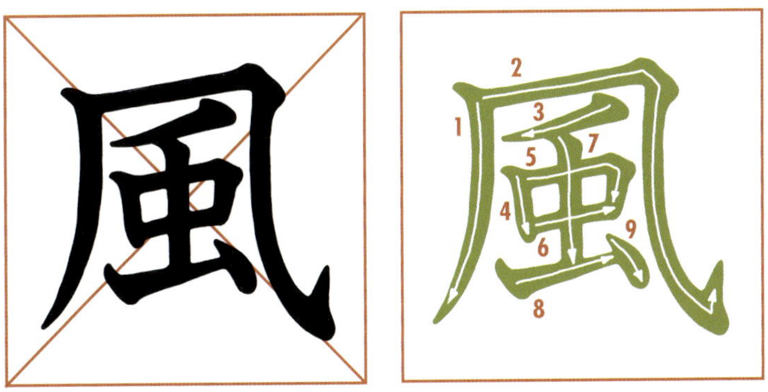

Das Schriftzeichen Wind (*kaze*)

Das Schriftzeichen Blumen (*hana*)

Das Schriftzeichen Freund (*tomo*)

Bei diesem Schriftzeichen sollte Strich 1, genau wie der Beginn von Strich 3, leicht nach rechts oben ansteigen. Der nach unten auslaufende Teil von Strich 3 sollte sich gegen Ende hin ein wenig Strich 2 annähern. Der vierte Strich setzt in etwa auf halber Höhe des zweiten Strichs an. Die jeweiligen Teile der Striche 3 und 4 unterhalb ihres Schnittpunkts sind gleich lang. Allerdings endet Strich 3 etwas höher als der vierte Strich, da er mehr nach links gezogen ist als nach unten.

Das Schriftzeichen Wind (*kaze*)

Beim Beginn des Schriftzeichens (Striche 1 und 2 für das Dach) muss man besonders darauf achten, genügend Platz für den inneren Teil des Zeichens übrig zu lassen. Die Striche 1 und 2 sind außerdem sehr dynamisch und sollten daher auch recht flott geschrieben werden. Bei Strich 2 kommt es vor allem darauf an, den rechten, lang nach unten gezogenen Bogen schnell anzulegen; am Ende, bei der Kehre, sollte man sich jedoch Zeit lassen, um anschließend wieder dynamisch nach oben zu schlenzen. Der linke Bogen (Strich 1) fällt im Verhältnis zum rechten etwas kürzer aus, da der obere Balken des äußeren Rahmens (der horizontale Teil des zweiten Strichs) nach rechts oben ansteigt. Außerdem wird der rechte Bogen auch weiter nach unten geführt. Die vier Schrägen im Inneren (Strich 3, 5, 6 und 8) sind alle parallel angeordnet und etwa gleich lang. Der innere Teil sollte stets vom äußeren Bogen getrennt bleiben.

Das Schriftzeichen Blume (*hana*)

Dieses Schriftzeichen besteht eigentlich aus drei Teilen, die zu einem Zeichen zusammengesetzt werden. Versuchen Sie also, alle drei Teile in ein imaginäres Quadrat zu fassen. Weiterhin ist darauf zu achten, den oberen Teil nicht breiter als die beiden unteren anzulegen.

Der dritte Strich ist etwas länger und geneigter als der zweite; das liegt daran, dass man sich beim Ausführen des dritten Strichs bereits auf die Ausgangsposition des vierten Strichs konzentriert und daher den Strich zur leichteren Fortführung etwas in die entsprechende Richtung neigt (nähere Hinweise zur Pinselführung siehe Seite 23ff.).

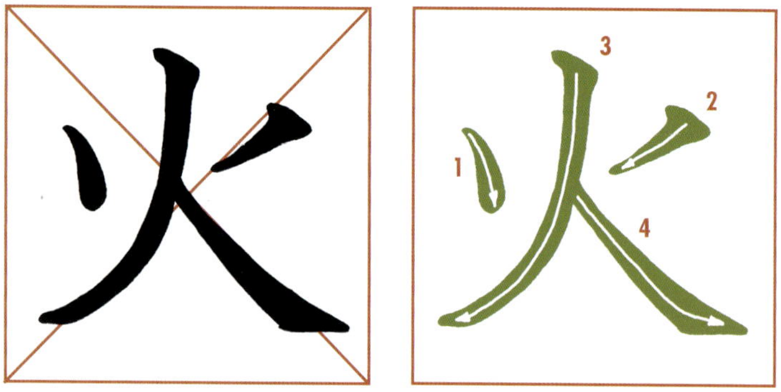

Das Schriftzeichen Feuer (*hi*)

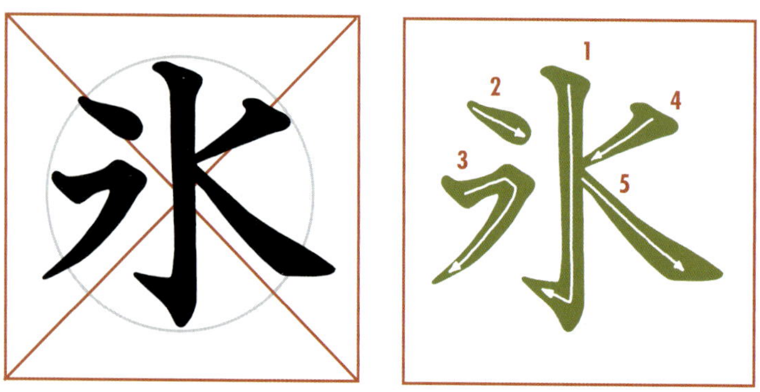

Das Schriftzeichen Eis (*hyou*)

Das Schriftzeichen Feuer (*hi*)

Auch wenn es zunächst vielleicht den Anschein haben mag, so ist dieses Schriftzeichen nicht in der Mitte gespiegelt. Achten Sie also vielmehr auf die Unterschiede der beiden Seiten. Der Treffpunkt der Striche 3 und 4 liegt oberhalb eines imaginären Mittelpunkts. Strich 3 verläuft auch oberhalb dieses Schnittpunktes nicht senkrecht, sondern bereits mit einer leichten Neigung nach links. Nach dem Schnittpunkt wird diese Ausrichtung zusätzlich verstärkt, sodass Strich 3 in einem langen Bogen nach links ausläuft. Im Gegensatz dazu ist der vierte Stich, was seine Gesamttendenz angeht, ziemlich gerade. Auffällig ist hier der spatelförmige Auslauf. Die beiden Striche 1 und 2 sind sehr unterschiedlich. Sie sind zwar in etwa gleich lang, stimmen jedoch weder von der Richtung noch von der Form her miteinander überein. Strich 1 läuft ziemlich gerade und schmal nahezu senkrecht nach unten, während Strich 2 von rechts oben nach links unten gezogen wird und sich dabei von einem sehr breiten Beginn bis zum Auslauf hin stark verjüngt.

Das Schriftzeichen Eis (*hyou*)

Dieses Zeichen ähnelt sehr dem Zeichen für Ewigkeit (siehe Seite 40), ist aber von der Technik her etwas einfacher. Man kann die Umrissform des Zeichens in einen Kreis fassen, weshalb der Punkt (Strich 2) nicht zu weit vom restlichen Schriftzeichen entfernt sein darf. Es fällt auf, dass sich fast alle Bewegungen auf den Mittelpunkt des Zeichens richten, wobei dieser – gemessen auf der Senkrechten – leicht in der oberen Hälfte anzusiedeln ist. Würde man den ersten Strich mit dem fünften sowie den ersten Teil des zweiten Strichs mit dem vierten Strich verbinden, so erhielte man aus dem Schnittpunkt dieser beiden imaginären Diagonalen die ungefähre Lage dieses Mittelpunkts. Dieser Punkt ist allerdings vom Mittelpunkt des imaginären Kreises, in den das gesamte Schriftzeichen einzufassen ist, verschieden; dieser liegt etwas tiefer auf der Senkrechten.

Mitte:
Nicht nur Karten, sondern auch Gläser (»kühl«), Kerzen (»Feuer«) oder Untersetzer (»kühl«) lassen sich mit Schriftzeichen kunstvoll verfeinern.

Seite 43:
Karten mit dem Schriftzeichen Herbst (oben) und Winter (unten), mit einem jeweils zur Jahreszeit passendem Gedicht auf Transparentpapier.

秋
柿くへば鐘が鳴るなり法隆寺
梅一厘一厘ほどの暖かさ
冬

Das Schriftzeichen kühl (*rei*)

Das Schriftzeichen kühl (*rei*)

Achten Sie bei diesem Schriftzeichen auf die richtige Balance zwischen dem linken und dem rechten Teil. Das Zeichen beinhaltet drei sehr kurze Striche (Strich 1, 5 und 7) von ähnlicher Form und Länge, die nach rechts unten zeigen. Der zweite Strich, der ebenfalls nicht sehr lang ausfällt, ist nach oben und leicht nach rechts gerichtet. Strich 3 und 4 bilden zusammen ein Dach. Strich 3 beginnt dabei breit und verjüngt sich immer weiter, während Strich 4 sehr schmal angesetzt wird und gegen Ende hin breit ausläuft. Ein Längenunterschied zwischen diesen beiden Strichen besteht nicht, auch wenn es auf den ersten Blick so scheinen mag. Dieser Eindruck entsteht dadurch, dass der dritte Strich oberhalb des vierten beginnt und nicht ganz so schräg ausläuft.

Das Schriftzeichen Sonne/Tag (*nichi*)

Das Schriftzeichen Sonne/Tag (*nichi*)

Das Zeichen für Sonne ist aus dem Bild dafür, dem Kreis, entstanden. Im Laufe der Zeit wurde daraus ein Rechteck. Stellt man dem Zeichen für Sonne eine Zahl von 1 bis 31 voran, so gibt man den Tag des Monats an. Dass man für Sonne und Tag das gleiche Schriftzeichen verwendet, liegt nahe, da ein Tag mit dem Aufgehen der Sonne beginnt und dem Untergehen der Sonne endet.

Sehr auffällig sind an diesem Zeichen die streng parallel angeordneten Horizontalen und Vertikalen. Besonders zu beachten ist, dass die senkrechten Linien länger als die waagrechten sind. Das Zeichen darf also keinesfalls zum Quadrat geraten. Außerdem sollten die vertikalen Linien leicht nach rechts oben laufen.

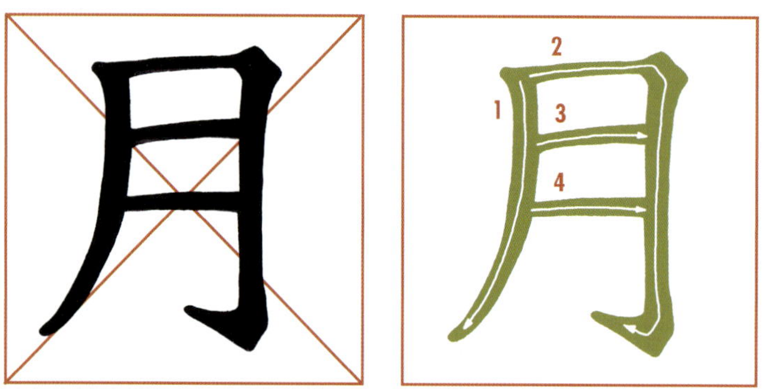

Das Schriftzeichen Mond/Monat (*gatsu*)

Das Schriftzeichen Mond/Monat (*gatsu*)

Das Schriftzeichen für Mond ähnelt dem Zeichen für Sonne – mit Ausnahme der Tatsache, dass die beiden seitlichen Senkrechten länger nach unten gezogen sind. Die linke Linie (Strich 1) ist dabei nach links gebogen, während der rechte Strich (Strich 2) gerade verläuft und dann einen Schlenzer macht.

Der Begriff Mond entspricht dem Begriff für Monat. Stellt man dem Zeichen eine Zahl von 1 bis 12 voran, so wird der jeweilige Monat bezeichnet. Einzelne Monatsnamen wie im Deutschen finden im Japanischen nicht so häufig Verwendung. So ist es z. B. im Japanischen üblich, 8. Monat statt August zu sagen.

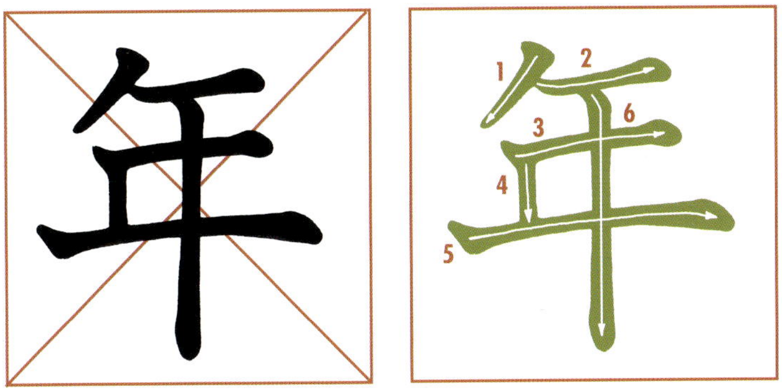

Das Schriftzeichen Jahr (*nen*)

Das Schriftzeichen Jahr (*nen*)

Das Zeichen für Jahr setzte sich ursprünglich aus den Zeichen für Reis und Mensch zusammen, da der Mensch einmal im Jahr Reis ernten kann. Stellt man dem Schriftzeichen eine Zahl voran, so ergibt sich eine Jahreszahl. Dies entspricht im Prinzip der deutschen Schreibweise, jedoch wird hier auf das Anhängen des Wortes »Jahr« verzichtet (vergleiche z. B. die Jahreszahl 2001).
Das Schriftzeichen besteht aus drei parallelen waagrechten (Strich 2, 3 und 5) und zwei parallelen senkrechten Strichen (Strich 4 und 6), wobei Strich 4 etwa nur ein Drittel so lang ist wie Strich 6. Strich 2, der kürzeste unter den horizontalen Strichen, ist an einen schrägen kurzen Strich (Strich 1) angeschlossen. Strich 3, der mittlere der waagrechten Striche, ist länger als Strich 2, jedoch kürzer als Strich 5.

Das Schriftzeichen Stunde (*ji*)

Das Schriftzeichen Stunde (*ji*)

Das Schriftzeichen für Stunde (*ji*) besteht aus zwei Hälften. Der linke Teil ist aus dem Schriftzeichen für Sonne entstanden, ist im Vergleich zu diesem jedoch etwas schmaler. Das bedeutet, dass die horizontal verlaufenden Linien etwas kürzer sind. Der rechte Teil besteht aus drei waagrechten (Strich 1, 3 und 4) und zwei senkrechten Linien (Strich 2 und 5), sowie einem nach rechts unten verlaufenden schrägen Punkt. Die Horizontalen sind parallel angeordnet, wobei die mittlere (Strich 3) die längste ist. Die unterste (Strich 4) ist ein wenig länger als die oberste (Strich 1). Die Senkrechten sind versetzt angeordnet, Strich 5 ist nach rechts verschoben. Strich 1 ist im Vergleich zu Strich 5 etwa zwei Drittel so lang. Bei der Zusammensetzung der beiden Hälften ist zu beachten, dass die drei horizontalen Striche des rechten Teils innerhalb der Höhe bleiben, die von den Waagerechten im linken Teil vorgegeben ist.

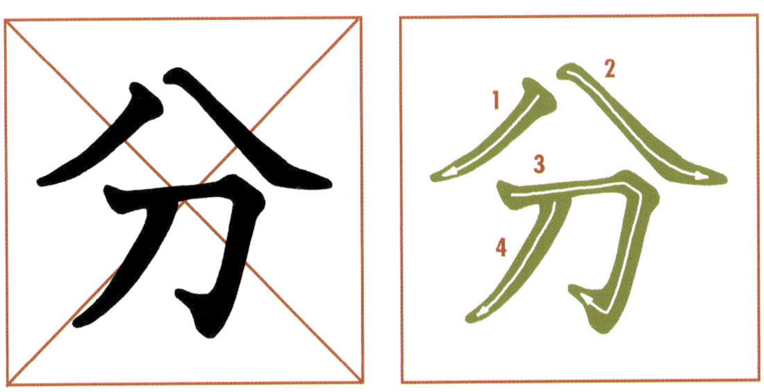

Das Schriftzeichen Minute (*fun*)

Das Schriftzeichen Minute (*fun*)

Das Schriftzeichen für Minute setzt sich aus einem oberen und einem unteren Teil zusammen, wobei der obere dem Zeichen für die Zahl acht entspricht. Hier ist besonders zu beachten, dass dieser Teil nicht achsensymmetrisch ist. Der untere Teil besteht aus einem Strich, der horizontal beginnt und sich um mehr als 90 Grad nach unten links dreht (Strich 3); hinzu kommt eine nach links unten gebogene Linie (Strich 4). Die beiden Bögen von Strich 3 und 4 verlaufen aber nicht parallel: Strich 4 ist stärker gewölbt als der nach unten gezogene Teil von Strich 3.

Das Schriftzeichen Winter (*fuyu*)

Das Zeichen für Winter ist schwierig zu schreiben, da man die Balance sehr leicht zerstören kann. Dies ist insbesondere der Fall, wenn die beiden unteren Striche (Strich 4 und 5), die an Schneeflocken erinnern, nicht richtig platziert werden. Aber nicht nur deren falsche Lage, sondern auch durch eine falsche Länge in Bezug auf den oberen Teil kann das ästhetische Gleichgewicht des Zeichens negativ beeinflusst werden.

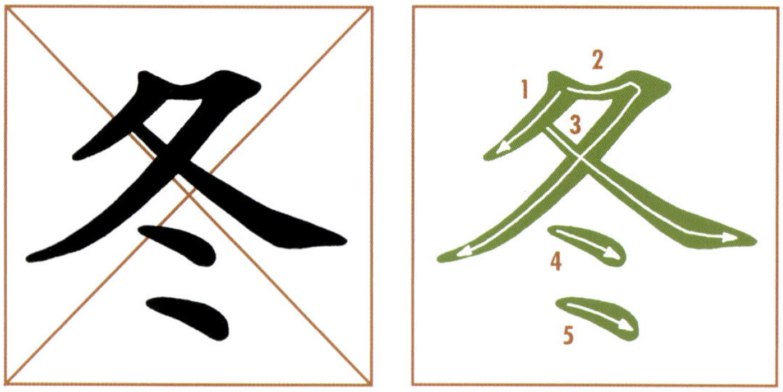

Das Schriftzeichen Winter (*fuyu*)

Das Schriftzeichen Frühling (*haru*)

Das Zeichen für Frühling beinhaltet das Zeichen für Sonne (siehe Seite 44). Zählt man die horizontalen Striche dieses Zeichens dazu, so kommt man auf eine Gesamtzahl von sechs parallelen waagrechten Strichen. Die Horizontalen im oberen Teil des Zeichens sind alle deutlich länger als die des Zeichens Sonne im unteren Teil. Dabei ist Strich 3 die längste, Strich 2 die kürzeste Waagrechte. Der längere der beiden Bögen (Strich 4) verläuft nach links unten, der kürzere (Strich 5) nach rechts unten; beide treffen sich genau in Strich 2. Der obere Teil von Strich 4 ist nicht senkrecht, sondern bereits gebogen, beginnt aber dennoch in der Mitte von Strich 1.

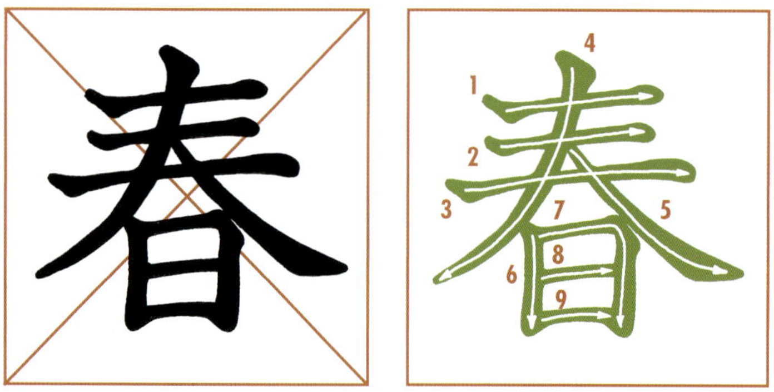

Das Schriftzeichen Frühling (*haru*)

Das Schriftzeichen Sommer (*natsu*)

Der obere Teil des Schriftzeichens Sommer besteht aus fünf parallelen Horizontalen (Strich 1, 4, 5, 6 und 7). Die unteren vier Linien werden von zwei parallelen Senkrechten (Strich 3 und der vertikale Teil von Strich 4) in ein Rechteck gefasst. Die obere Horizontale (Strich 1) wird von einem kurzen schrägen, nach links unten ausgerichteten Strich (Strich 2) mit dem Rechteck verbunden. Strich 1 ist breiter als das Rechteck.

Unter diesem oberen Teil, der mehr als die Hälfte der Schriftzeichenhöhe ausmacht, befinden sich ein nach links gerichteter Bogen (Strich 8), ein Haken in dieselbe Richtung (Strich 9), der jedoch nicht parallel zu Strich 8 verläuft, sowie ein langer nach rechts zeigender Spatel (Strich 10).

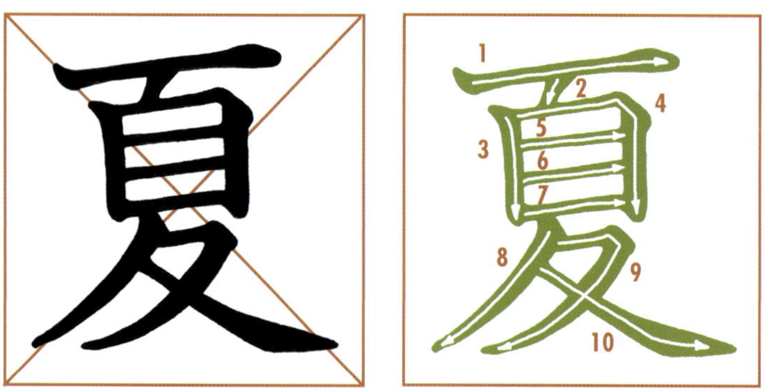

Das Schriftzeichen Sommer (*natsu*)

Das Schriftzeichen Herbst (*aki*)

Das erste Schriftzeichen Natur (Zeichen *ji oder shi*)

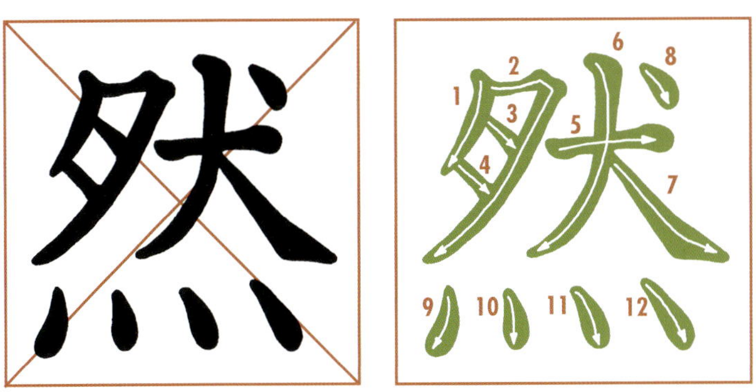

Das zweite Schriftzeichen Natur (Zeichen *zen*)

Das Schriftzeichen Herbst (*aki*)

Das Schriftzeichen für Herbst setzt sich aus zwei gleich breiten Hälften zusammen. Strich 1 kann entweder parallel zu Strich 2 verlaufen oder etwas weiter nach links unten zeigen als dieser. Strich 1 und 2 werden durch eine große Senkrechte (Strich 3) verbunden. Strich 1 wird von der Senkrechten in der Mitte berührt, während Strich 2 in einem Verhältnis von drei Fünftel (links) zu zwei Fünftel (rechts) geschnitten wird. An diesen Schnittpunkt schließt eine nach links unten laufende, leicht gebogene Linie (Strich 4) an. Rechts, ein Stückchen unterhalb des Knotens, setzt ein kurzer Strich (Strich 5) nach rechts unten an. Die rechte Hälfte des Zeichens besteht aus einem langen Bogen nach links unten (Strich 8), einem Spatel, der in etwa auf der Hälfte des Bogens nach rechts unten abgeht (Strich 9), sowie aus zwei kurzen Strichen zu beiden Seiten des Bogens (Strich 6 und 7). Diese beiden Striche sind nicht nur in Bezug auf die Höhe, in der sie liegen, sondern auch in ihrer Form, Länge und Richtung unterschiedlich.

Die Schriftzeichen für Natur (*shizen*)

Das Schriftzeichen Natur setzt sich aus zwei Schriftzeichen zusammen. Das erste Zeichen bedeutet wörtlich übersetzt »selbst« (*ji* oder auch *shi*). Es ähnelt dem Zeichen für Sonne (siehe Seite 44), hat aber vier und nicht nur drei waagrechte Striche. Hinzu kommt der schräge, nach links unten zeigende Strich 1.

Das zweite Zeichen lässt sich in drei Teile unterteilen. Der linke obere Teil besteht aus zwei langen parallelen Bögen (Strich 1 und der schräg verlaufende Teil von Strich 2), die nach links unten laufen. Hinzu kommen zwei parallele Striche (Strich 3 und 4), die zwischen diesen Bögen eingeklemmt nach rechts unten orientiert sind. Gekrönt werden diese Elemente von einer Waagrechten (der horizontale Teil von Strich 2), die den linken mit dem rechten Bogen verbindet. Der rechte obere Teil besteht aus einer Waagrechten (Strich 5), einem langen nach links gewölbten Bogen (Strich 6), einem kurzen Spatel nach rechts (Strich 7) und einem Punkt (Strich 8), der rechts über den gekreuzten Linien thront. Der untere Teil erstreckt sich über die gesamte Breite des Schriftzeichens und besteht aus vier kurzen Punkten (Strich 9 bis 12). Dabei ist Strich 9 nach links, die Striche 10 bis 12 sind nach rechts unten gerichtet. Dieser untere Teil nimmt in Bezug auf die Gesamthöhe in etwa ein Viertel des Schriftzeichens ein. Die beiden oberen Teile sind am

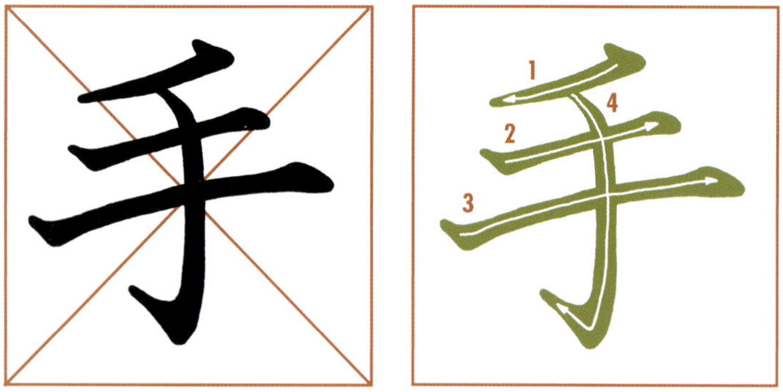

Das erste Schriftzeichen für Brief (Zeichen *te*)

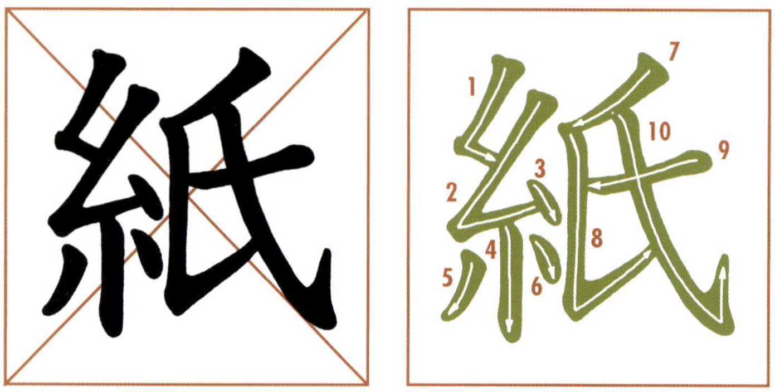

Das zweite Schriftzeichen für Brief (Zeichen *gami*)

oberen Rand gleich breit; je weiter es nach unten geht, desto breiter wird allerdings der rechte Teil im Verhältnis zum linken.

Die Schriftzeichen für Brief (*tegami*)

Auch das Wort »Brief« setzt sich aus zwei Schriftzeichen zusammen. Das erste Schriftzeichen bedeutet Hand (*te*), das zweite Papier (*gami*).

Beim Schriftzeichen *te* handelt es sich um ein vom Aufbau her recht einfaches Zeichen. Es besteht aus drei parallel angeordneten Strichen (Striche 1 bis 3), die leicht nach rechts oben laufen, und einem langen Bogen (Strich 4), der – abgesehen von seinem Anfang und Ende – senkrecht verläuft. Strich 4 berührt Strich 1 in der Mitte und schneidet die beiden anderen Linien rechts vom Mittelpunkt. Die Linien sind ihrer Länge nach von oben nach unten gestaffelt.

Das Zeichen für Papier (*gami*) ist vom Aufbau her wesentlich komplexer. Es besteht aus einer linken und rechten Hälfte, wobei die rechte etwas mehr Platz in Anspruch nimmt. Der linke Teil beginnt von oben her mit zwei hakenartigen Linien (Strich 1 und 2). Strich 1 schließt einen 90-Grad-Winkel, Strich 2 einen 45-Grad-Winkel ein, was zur Folge hat, dass der zweite Teil des zweiten Strichs nach rechts oben läuft. Ferner ist der zweite Haken hinsichtlich der Länge beider Schenkel größer. An Strich 2 schließt der nach rechts unten gerichtete kurze Strich 3 an. Unter diesem Doppelhakengebilde befindet sich eine Senkrechte (Strich 4), die von zwei Strichen (Strich 5 und 6) gesäumt wird. Strich 5 ist länger als Strich 6.

Der rechte Teil des Schriftzeichens beginnt mit einem schräg nach links unten gezogenen Strich (Strich 7). Es folgt eine zunächst senkrecht verlaufende Linie (Strich 8), die in einem Winkel von etwa 45 Grad wendet und dann nach rechts oben ausläuft. Dieser schräge Teil von Strich 8 ist parallel zum kurz davor geschriebenen Strich 7. Nun folgt der neunte Strich, der von rechts leicht abfallend nach links läuft. Strich 10 hat die Form eines langen Bogens, der mit einem dynamischen Schlenzer endet. Diese Linie beginnt in der Mitte von Strich 7 und schneidet den neunten Strich in dessen Mitte.

Postkarten wie hier mit der Aufschrift »Postkarte«, sind schnell und unkompliziert hergestellt, haben aber einen ganz persönlichen Charakter.

Die Zeichen für Postkarte (*hagaki*)

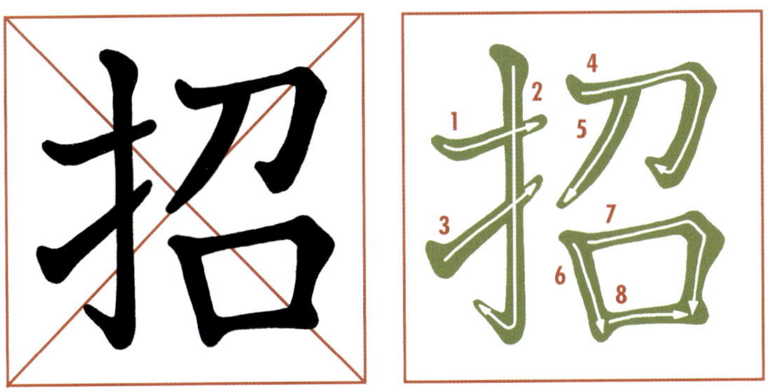

Das erste Schriftzeichen für Einladung (Zeichen *shou*)

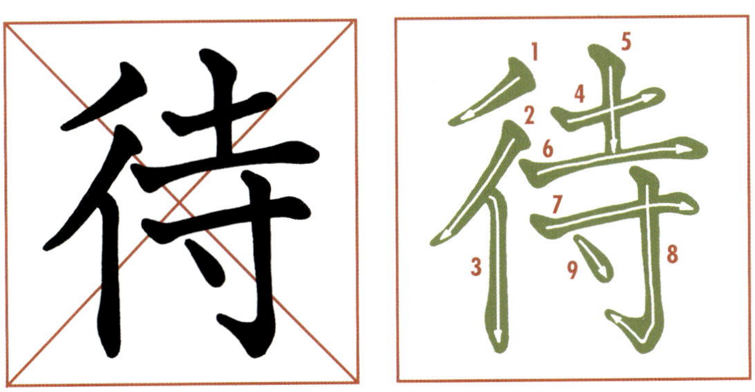

Das zweite Schriftzeichen für Einladung (Zeichen *tai*)

Die Zeichen für Postkarte (*hagaki*)

Die Zeichen für Postkarte sind *hiragana*-Zeichen, d. h. sie gehören dem gleichnamigen Silbenalphabet an (siehe auch Alphabete, Seite 29). Im Gegensatz zum *katakana*-Alphabet sind diese Zeichen deutlich geschwungener und runder. Das erste Zeichen (von rechts nach links) ist ein HA, das zweite ein KA mit zwei Strichen (wodurch es zum GA wird), das letzte Zeichen ein KI. Während das in *hiragana* geschriebene HA dem HA des *katakana* nicht ähnelt, ist sowohl beim KA als auch beim KI die Ähnlichkeit der beiden Silbensysteme nicht von der Hand zu weisen.

Die Schriftzeichen für Einladung (*shoutai*)

Das erste Zeichen (*shou*) des Wortes Einladung setzt sich aus drei Elementen zusammen. Der linke Teil ist ein wenig schmaler als die beiden rechten, überragt jedoch beide zusammen in ihrer Höhe. Er besteht aus einer langen Senkrechten mit einem Schlenzer nach links (Strich 2) und zwei nach rechts oben deutenden Linien (Strich 1 und 3). Diese beide Schrägen sind nicht parallel, sondern laufen an ihrem rechten Ende aufeinander zu, ohne sich jedoch zu berühren. Strich 1 schneidet Strich 2 bei einem Viertel (Strich 1), Strich 3 bei der Hälfte der Länge von Strich 2. Rechts der Senkrechten enden Strich 1 und Strich 3 jedoch sehr schnell. Der rechte Teil des Schriftzeichens besteht aus einem oberen und einem unteren Zeichen, das jeweils in gleich große imaginäre Quadrate gefasst werden kann.

Das zweite Zeichen (*tai*) zeigt in der linken Hälfte drei Striche, die sich alle von ihrer Ausrichtung her unterscheiden. Die oberste Linie (Strich 1) zeigt nach links unten, die zweite (Strich 2) verläuft steiler als die vorhergehende, während die dritte Linie schließlich eine Senkrechte darstellt (Strich 3). In Bezug auf ihre Länge sind die Linien von oben nach unten gestaffelt, d. h. Strich 1 ist der kürzeste, Strich 3 der längste. Die rechte Hälfte des Zeichens *tai* entspricht exakt dem rechten Teil des Schriftzeichens für Stunde (siehe Seite 45).

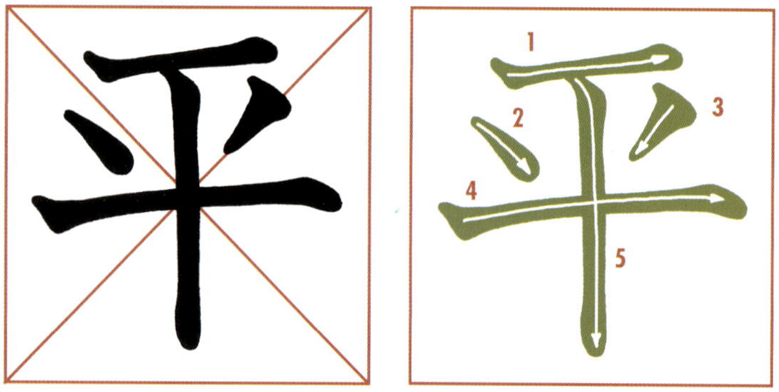

Das erste Schriftzeichen für Frieden (*hei*)

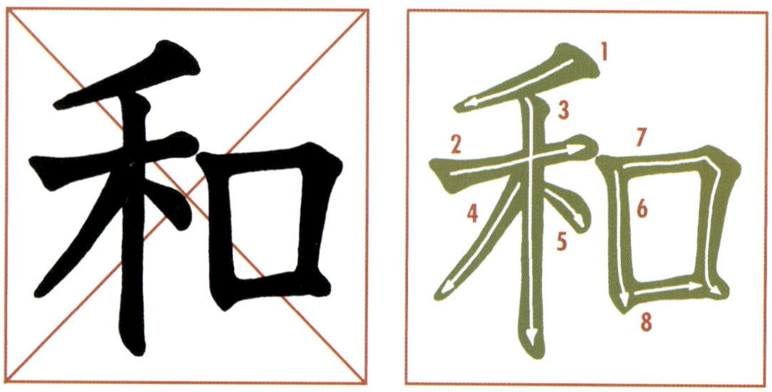

Das zweite Schriftzeichen für Frieden (*wa*)

Das erste Schriftzeichen für Freiheit (*ji oder shi*)

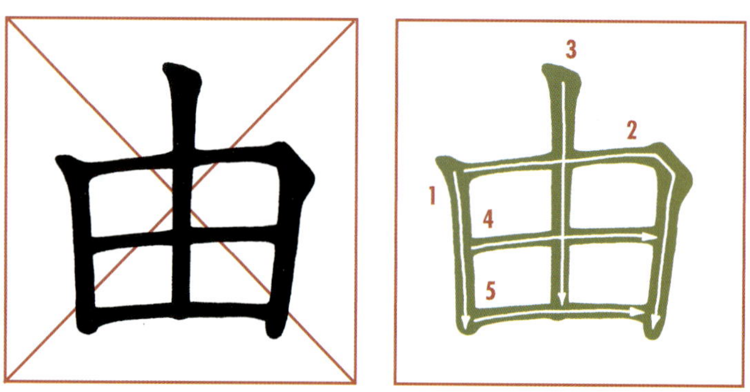

Das zweite Schriftzeichen für Freiheit (*yuu*)

Die Schriftzeichen für Frieden (*heiwa*)

Hauptbestandteil des ersten Zeichens (*hei*) ist ein doppelt symmetrisches Kreuz im Zentrum eines imaginären Quadrats. Auf diesem Kreuz liegt der kürzere Strich 1, der parallel zu der langen Horizontalen des Kreuzes (Strich 4) verläuft. Zwischen diesen beiden Parallelen sitzen zwei kurze Striche, die zum Mittelpunkt des Kreuzes zeigen (Strich 2 und 3). Diese beiden Striche sind aber nicht achsensymmetrisch zur Senkrechten (Strich 5). Strich 2 beginnt schmal und wird breiter, während Strich 3 breit beginnt und schmal endet.

Das zweite Zeichen (*wa*) setzt sich aus einer linken und einer rechten Hälfte zusammen, die ungefähr gleich breit sind. Der linke Teil ist etwa doppelt so hoch wie der rechte, der sich annähernd auf halber Höhe an den linken Teil anhängt. Strich 1 kann entweder parallel zu Strich 2 verlaufen oder etwas weiter nach links unten zeigen als dieser. Die beiden Striche werden durch eine große Senkrechte (Strich 3) verbunden. Strich 1 wird dabei von Strich 3 in der Mitte berührt, während Strich 2 in einem Verhältnis von drei Fünftel (links) zu zwei Fünftel (rechts) geschnitten wird. Von diesem Schnittpunkt zeigt eine leicht gebogene Linie nach links unten (Strich 4). Ein Stückchen unterhalb des Knotens schließt rechts ein kurzer Strich, der nach rechts unten verläuft, an. Das Rechteck in der rechten Hälfte des Bildes ist nach oben gestreckt.

Die Schriftzeichen für Freiheit (*jiyuu*)

Das erste der beiden Zeichen bedeutet »selbst« (*ji* oder *shi*) und ist auch Bestandteil der Schriftzeichen für Natur (Beschreibung siehe Seite 47).

Das zweite Schriftzeichen entspricht vom Aufbau her dem Zeichen für Sonne (siehe Seite 44) mit einer nach oben verlängerten Senkrechten (Strich 3) durch die Mitte des Zeichens. Von der Struktur her ist das Zeichen im Vergleich zum Schriftzeichen Sonne allerdings sehr stark in die Breite verzerrt. Die Vertikale durch das Zeichen (Strich 3) wird durch die Horizontalen (Strich 4, 5 und der waagrechte Teil von Strich 2) in drei gleiche Abschnitte geteilt.

平和
Frieden
Peace

Grüße und Glückwünsche

Bei Grüßen und Glückwünschen ist im Wesentlichen zu unterscheiden, ob man eine Karte oder einen Brief schreibt oder ob man ein Geschenk überreicht.

In Japan werden Geschenke sehr oft in einem beschrifteten Umschlag bzw. in Geschenkpapier verpackt. Dabei kann es sich um Geld- oder Sachgeschenke handeln. Die Beschriftung richtet sich nach dem Anlass.

Beschriftungen für Umschläge (rechts) und Karten (unten) lassen sich vielseitig einsetzen.

Seite 53:
Briefumschläge von links nach rechts: »Mit Dank / von Familie Nomura«, »Kleinigkeit«, »Ausdruck der Freude«

Ausdruck des Dankes	お礼
Ausdruck des Glückwunsches	お祝
Gesundheit	お見舞

Herzlichen Glückwunsch zum Geburtstag	お誕生日おめでとうございます
Frohes neues Jahr	新年明けましておめでとうございます
Fröhliche Weihnachten	クリスマスおめでとうございます
Herzlichen Glückwunsch zur Hochzeit	御結婚おめでとうございます
Herzlichen Glückwunsch zur Geburt	御出産おめでとうございます
Vielen Dank	有難うございます
Gute Besserung	病気お見舞い申し上げます

御礼
野村
寸志
寿

Gedichte

Die traditionellen japanischen Gedichte, *haiku* genannt, die sich ihren Weg in die Weltliteratur gebahnt haben, sind die kürzeste Literaturform der Welt. Auch in Deutschland gibt es mittlerweile Anhänger dieser rund 400 Jahre alten Kunstform.

Das *haiku* entwickelte sich im 16. und 17. Jahrhundert aus einer anderen Gedichtform, dem so genannten renga. Ein *renga* hatte eine ähnliche Silbenfolge, unterschied sich jedoch vom *haiku* hinsichtlich seiner Länge.

菜の花や月は東に日は西に

行く春や鳥なき魚の目は泪

(Frühlingsgedichte)

(Sommergedichte)

五月雨を集めて早し最上川

桐の花日かげをなすにいたらざる

Frühlingsgedichte

Die Jahreszeit der Rapsblume, der Mond ist im Osten, während die Sonne im Westen aufgeht. (Buson)

Das Weinen der Vögel und die Tränen der Fische beklagen den vorbeigehenden Frühling. (Basho)

Sommergedichte

Gefüllt mit Monsunregen und schnell fließt der Mogami-Fluss. (Basho)

Wie groß auch immer die Paulownien sein mögen, sie können keinen Schatten vor der Sommersonne bieten. (Kyoshi)

柿くへば鐘が鳴るなり法隆寺

此の道や行く人なしに秋の暮

(Herbstgedichte)

(Wintergedichte)

いくたびも雪の深さを尋ねけり

梅一厘一厘ほどの暖かさ

Herbstgedichte

Während ich die Kakifrüchte esse, ertönt die Glocke des Horyu-Schreins. (Shiki)

Ich treffe niemanden, weil ich diesen Weg aus einem Herbstabend nehme. (Basho)

Wintergedichte

Ich habe viele Male gefragt, wie tief der Schnee war. (Basho)

So, wie sich die Pflaumenknospen eine nach der anderen öffnen, kann ich allmählich die Wärme des Frühlings spüren. (Ranstsu)

Seite 55:
Karten mit Gedichteinlagen.

Links: Das Frühlingsgedicht von Basho. Rechts: Das Sommergedicht von Kyoshi.

Form und Stil des *haiku*

Ein japanisches *haiku* besteht aus bis zu drei Zeilen mit insgesamt nicht mehr als 17 Silben. Wichtige Stilmittel sind die Alliteration, der Silbenrhythmus sowie Assonanzen, nicht etwa Reime. Mit der Zeit entwickelten sich – wie in jeder Kunstform – mehrere Richtungen und Stile in der *haiku*-Dichtung. Nicht zuletzt durch den berühmtesten *haiku*-Dichter Basho, aber auch durch andere berühmte Dichter wie Buson, Kyoshi, Shiki u. a. wurde die Gedichtform in Japan populär und erhielt seine heutige Form. Das *haiku* ist neben der Schriftkunst eine sehr lebendige Kunstform innerhalb und außerhalb von Japans Grenzen.

Gedicht mit dem Titel »Bei den Bergen«, mit dem vergrößerten Schriftzeichen für »Blau«

Inhalt und Ausdruck

Inhaltlich wie in ihrer Ausdrucksweise sind die *haiku* durch die Begrenzung der Silbenzahl stark eingeschränkt. Meist handeln sie von Beobachtungen in der Natur, wobei die Jahreszeiten für die Stimmung sorgen. Kommentarlos wird ein Ereignis dargeboten, wobei die Kunst darin besteht, dieses Bild möglichst emotionsvoll im Leser entstehen zu lassen. Diesem wird durch die stimmungsvollen Bilder und die beschriebenen Situationen ein Gefühl vermittelt, das eine Sache in ganz anderem Licht erscheinen lässt. Oft sieht oder empfindet der Leser Dinge, die vom Dichter nicht ausgesprochen wurden. Ein *haiku* ist so kurz und offen, dass viel Raum für eigene Ideen und Assoziationen bleibt.

Zahlen

Die Zeichen für Zahlen

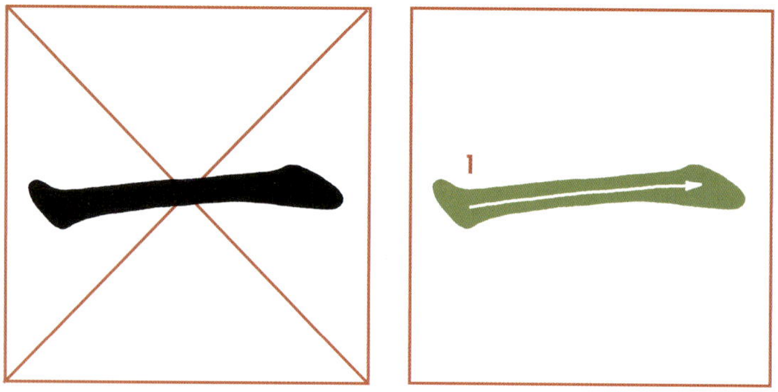

Die Zahl eins (*ichi*)

Die Zahl eins (*ichi*)

Die Eins ist ein einfacher waagrechter Strich mit leichter Tendenz nach rechts oben – was der Bedeutung des Zeichens entspricht. Achten sie bei diesem wie auch bei den folgenden Zeichen darauf, dass der Strich nicht zu statisch ausfällt. Versuchen Sie die Strichbreite zu variieren, sodass die Linie an den Enden breiter als in der Mitte ist.

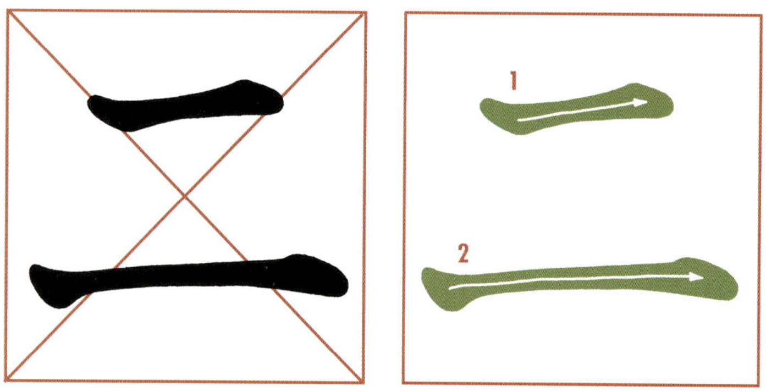

Die Zahl zwei (*nii*)

Die Zahl zwei (*nii*)

Das Zeichen für die Zwei besteht – analog zum Zeichen für eins – aus zwei Strichen. Diese verlaufen parallel und haben eine leichte Tendenz nach rechts oben. Der obere Strich ist dabei jedoch kürzer als der untere.

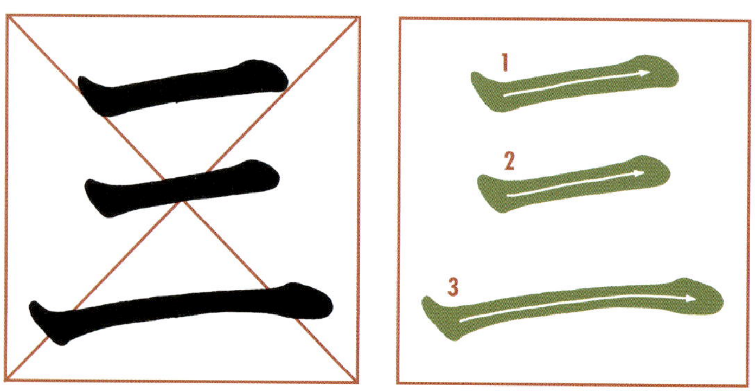

Die Zahl drei (*san*)

Die Zahl drei (*san*)

Auch die Zahl drei besteht aus der entsprechenden Anzahl von Strichen. Wie schon bei der Zwei sind alle Striche parallel und verlaufen beinahe waagrecht, mit einer leichten Ausrichtung nach rechts oben. Der mittlere Strich ist der kürzeste, der untere der längste.

Die Zahl vier (*shi*)

Die Zahl vier (*shi*)

Die Gesamtform der Vier beschreibt ein Rechteck. Die waagrechten Linien tendieren dabei aber alle leicht nach rechts oben. Beim Schreiben beginnt man mit dem Rechteck, das allerdings nicht in einem Zug entsteht, sondern erst ganz zum Schluss durch Strich 5 komplettiert wird – wenn nämlich die beiden inneren Striche (Strich 3 und 4) bereits geschrieben wurden. Die Zahl vier folgt nicht mehr der Logik der vorangegangenen Zeichen. Statt aus vier Strichen setzt sich dieses Zeichen aus fünf Linien zusammen, die im Gegensatz zu den bisherigen Zahlenzeichen auch nicht mehr parallel sind.

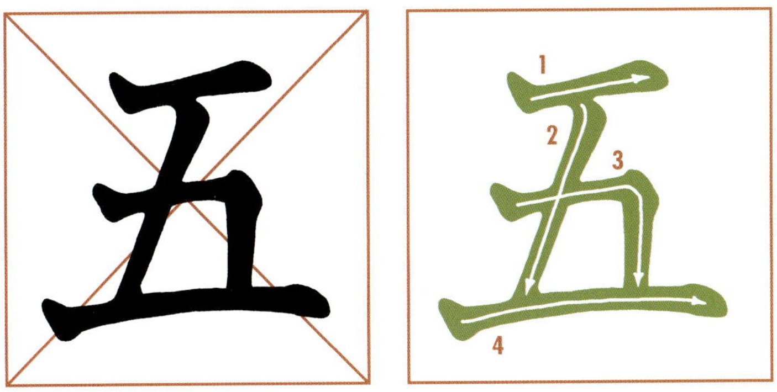

Die Zahl fünf (*go*)

Die Zahl fünf (*go*)

Dieses Zeichen setzt sich aus drei parallelen Waagrechten und zwei von oben nach unten verlaufenden Linien zusammen. Wie bei allen bisherigen Zahlenzeichen sind die waagrechten Linien leicht nach rechts oben gezogen. Auch Strich 2 ist zur rechten oberen Ecke hin orientiert. Der nicht horizontale Teil von Strich 3 verläuft hingegen genau senkrecht. Die beiden oberen Waagrechten (Strich 1 und der horizontale Teil von Strich 3) sind jeweils gleich lang, Strich 4 ist im Verhältnis dazu die längste horizontale Linie.

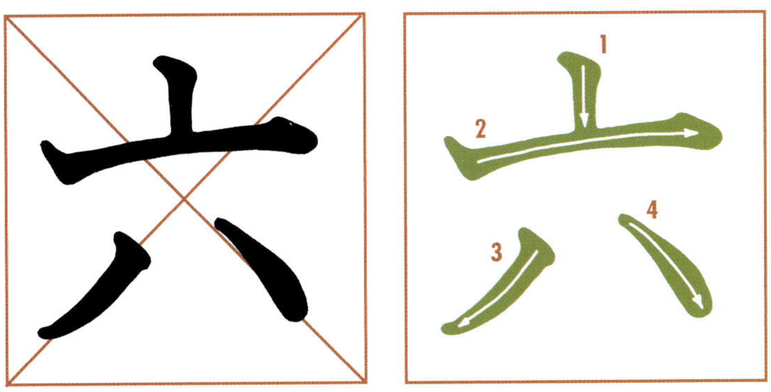

Die Zahl sechs (*roku*)

Die Zahl sechs (*roku*)

Das Schriftzeichen für die Zahl sechs besteht aus einem oberen Teil mit einer Waagrechten und einer kurzen Vertikalen und einem unteren Teil mit zwei Strichen. Bei diesem Zeichen besteht vor allem die Gefahr, dass man die unteren Linien zu weit vom oberen Teil trennt, wodurch die Balance empfindlich gestört wird. Achten Sie außerdem darauf, den unteren Teil nicht breiter als den oberen anzulegen. Das Zeichen sollte gut in ein imaginäres Quadrat passen.

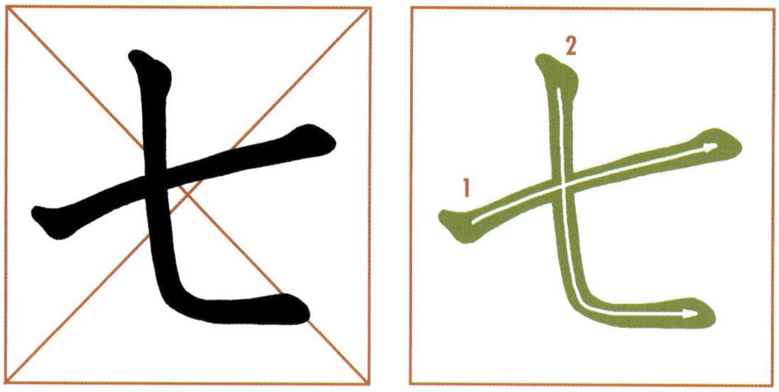

Die Zahl sieben (*shichi*)

Die Zahl sieben (*shichi*)

Der erste Strich der Sieben verläuft nach rechts oben. Der zweite Strich beginnt vertikal, dreht sich dann um 90 Grad nach rechts und läuft horizontal aus. Dieser horizontale Teil sollte jedoch in seiner Breite nicht über den ersten Strich hinausragen. Das Schriftzeichen muss sich dementsprechend in seiner Gesamterscheinung nach unten hin verjüngen.

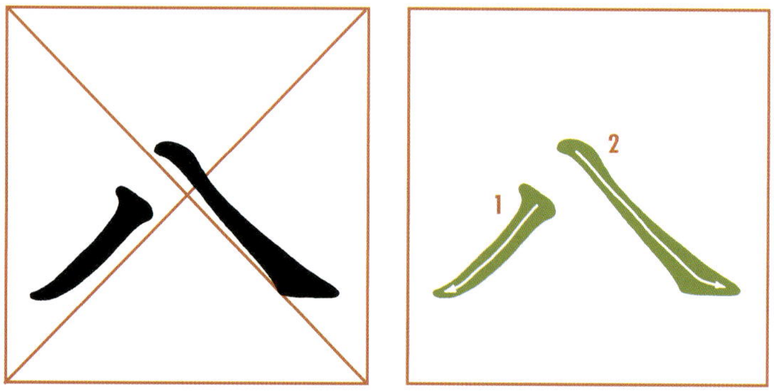

Die Zahl acht (*hachi*)

Die Zahl acht (*hachi*)

Das Zeichen für die Zahl acht besteht aus zwei voneinander getrennten Strichen, die in unterschiedliche Richtungen auslaufen. Der erste und kürzere Strich verläuft nach links unten, der zweite dagegen nach rechts unten. Der Ansatz der Striche ist auf unterschiedlicher Höhe angesiedelt: Strich 2 beginnt oberhalb von Strich 1.

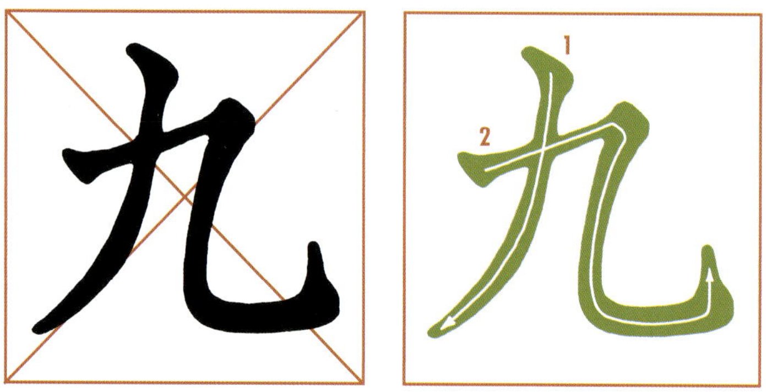

Die Zahl neun (*kyu*)

Die Zahl neun (*kyu*)

Auch die Zahl neun setzt sich lediglich aus zwei Strichen zusammen. Der erste wird von oben nach links unten gezogen. Der zweite Strich ist schwierig in seiner Ausführung, da er zunächst relativ steil nach rechts oben verläuft, dann in einen langen Bogen nach links unten und abschließend in einen Haken nach rechts übergeht.

Die Zahl zehn (*juu*)

Die Zahl zehn (*juu*)

Die Zehn (*juu*) besteht aus einer Horizontalen und einer Vertikalen, die sich im jeweils im Mittelpunkt kreuzen.

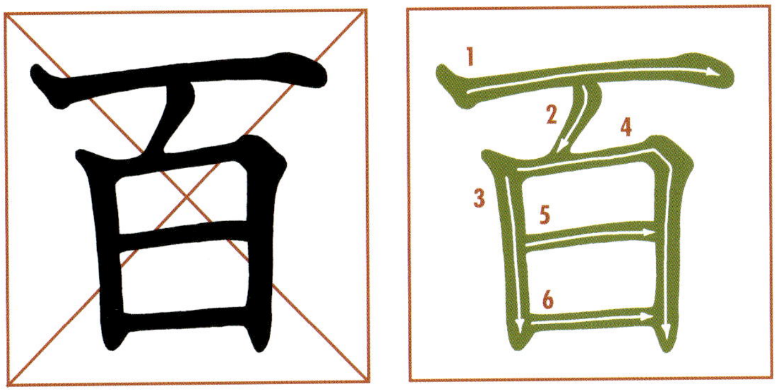

Die Zahl hundert (*hyaku*)

Die Zahl hundert (*hyaku*)

Das Zeichen für hundert beginnt mit einem langen waagrechten Strich (Strich 1), der breiter ist als der Rest des Zeichens. Strich 2 im Anschluss daran ist ein kurzer schräger Strich nach links unten. Der Rest des Zeichens stellt ein Rechteck mit einer Waagrechten durch die Mitte dar.

Die Zahl tausend (*sen*)

Die Zahl tausend (*sen*)

Die Tausend ähnelt stark der Zahl zehn. Der zusätzliche schräge Strich (Strich 1) im Zeichen und der – im Gegensatz zur Zahl zehn – weiter oben liegende Schnittpunkt der Waagrechten mit der Senkrechten ermöglichen dennoch eine problemlose Unterscheidung der beiden Zeichen.

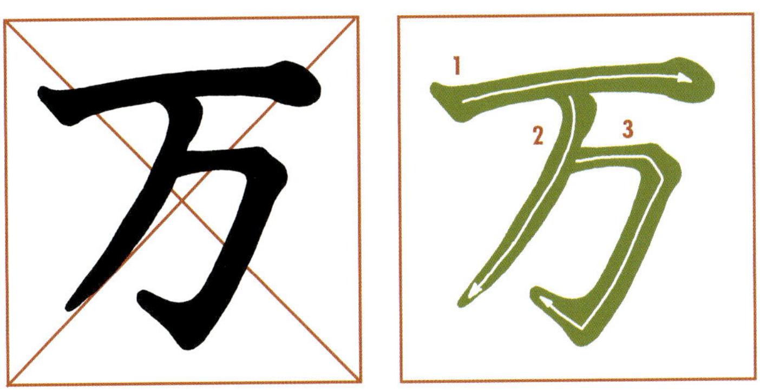

Die Zahl zehntausend (*man*)

Die Zahl zehntausend (*man*)

Die Striche der Zahl zehntausend sind alle auf Parallelität hin ausgelegt. So verläuft der waagrechte Abschnitt des dritten Strichs parallel zu Strich 1, der nach unten gezogene Teil von Strich 3 hingegen bildet die Parallele zu Strich 2.

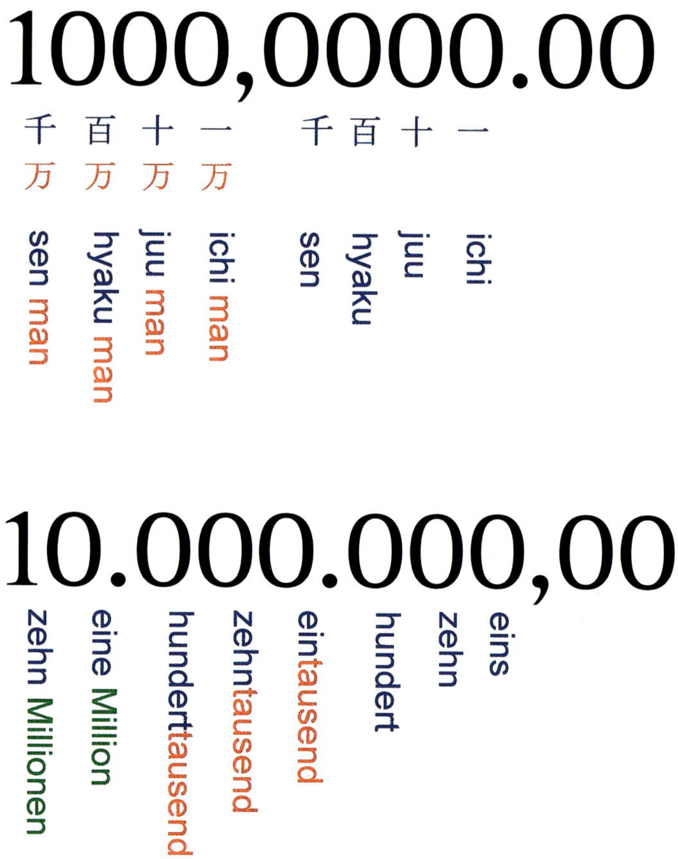

Zahlensystem

Im Gegensatz zum dreistelligen deutschen Zahlensystem ist das japanische Zahlensystem aus jeweils vier Stellen aufgebaut. Im Deutschen wird ein Komma vor den Dezimalstellen und nach jeweils drei Stellen vor dem Komma ein Punkt gesetzt. Umgekehrt setzt man im Japanischen einen Punkt vor die Dezimalstellen und nach jeweils vier Stellen vor dem Punkt ein Komma.

Innerhalb der drei Stellen beginnt man im Deutschen wieder neu zu zählen, d. h. man beginnt mit 1 (z. B. 1.001 usw.), fährt fort mit 10 (1.010 usw.) und endet mit den Hunderter-Stellen (1.100 bis 1.999). Genauso wird auch im Japanischen weitergezählt, jedoch endet man aufgrund des vierstelligen Systems bei den Tausender-Stellen, also bei 9999.

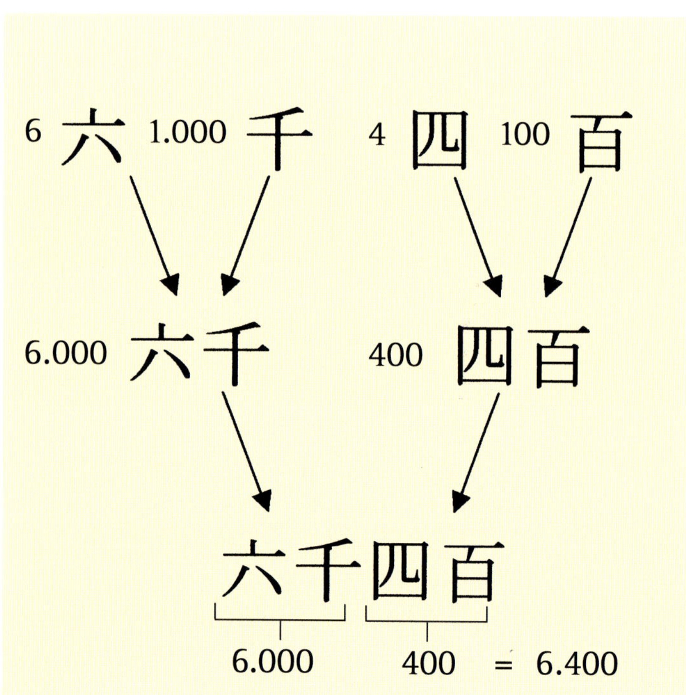

Zahlen bilden

Zum Bilden einer japanischen Zahl setzt man die jeweiligen Ziffern hintereinander. Möchte man 400 schreiben, so stellt man dem Zeichen für 100 eine 4 voran. Möchte man eine 6000 bilden, so stellt man dem Zeichen für 1000 eine 6 voran. Man kann auch die beiden Zahlen zu einer 6400 kombinieren, indem man der 6000 die 400 anhängt (siehe Beispiel).

Die Aussprache der Worte entspricht der jeweiligen Schreibweise (sechs-tausend-vier-hundert).

Links oben:
Das japanische Dezimalsystem im Vergleich zum deutschen.

Links unten:
Das Bilden von Zahlen durch das Hintereinandersetzen von Schriftzeichen.

二	千	一	年	八	月	二	十	六	日
zwei	tausend	eins	Jahr	acht	Monat	zwei	zehn	sechs	Tag
zweitausendeins				August		sechsundzwanzigster			

十	六	時	二	十	分
zehn	sechs	Uhr	zwei	zehn	Minuten
Sechzehn Uhr			Zwanzig Minuten		

Datum und Zeitangabe bilden

Wie bereits bei der Erläuterung der Schriftzeichen erwähnt (siehe Seite 40), wird das Datum mit Hilfe von Zahlen sowie der Schriftzeichen für Tag, Monat und Jahr angegeben. Im Japanischen beginnt man mit dem Jahr, dann folgt der Monat und als letztes die Angabe des Tages. Es ist also genau umgekehrt wie in Deutschland üblich, da man von der größten zur kleinsten Einheit übergeht. Für das Jahr setzen Sie die entsprechende Zahl in Verbindung mit dem Schriftzeichen für Jahr (siehe Seite 45). Genauso schreiben Sie für den Monat die entsprechende Zahl (z. B. 12 für den Dezember) und hängen das Schriftzeichen Mond/Monat (siehe Seite 44) an. Und um den Tag festzulegen, bilden Sie das jeweilige Datum aus Zahlen und hängen das Schriftzeichen für Sonne/Tag (siehe Seite 44) an.

oben:
Das Schreiben von Zahlen für Datums- und Zeitangaben erfolgt ebenfalls nach dem Prinzip des Hintereinandersetzens von Schriftzeichen.

Ähnliches gilt für die Zeitangabe. Bilden Sie einfach die entsprechende Zahl und hängen Sie das Schriftzeichen für Stunde bzw. für Minute (siehe Seite 45) an. Bei der Zeitangabe jedoch ist die Reihenfolge umgekehrt wie bei der Datumsanzeige: Hier steht genau wie im Deutschen die Stundenangabe vorne und die Minutenangabe wird angeschlossen.

Kleines Lexikon japanischer Fachbegriffe

ateji
Pseudonym des Kalligraphen

atsugami
Dickeres Papier

bokuju
Industriell vorgefertigte flüssige Tusche

bokuseki
Wörtlich übersetzt »Tuschespuren«; vor allem Schriftkunstwerke des Zen-Buddismus in Japan

chado
Japanische Teezeremonie

cho
Maßeinheit für das Gewicht des Tuscheriegels

chubude
Pinsel mittlerer Stärke

fude
Pinsel

gagoin
Siegel mit dem Pseudonym des Kalligraphen

gogohitsu
Harter, gleichzeitig flexibler Pinsel aus Rosshaar

gyosho
Halbkursivschrift (4. bis 6. Jahrhundert n. Chr.)

haiku
Traditionelle japanische Kurzgedichte

hakubunin
Stempel, bei dem der Hintergrund rot, das Zeichen weiß erscheint

haneru
Auslaufform der Linie (»Schweif« oder »Schlenzer«)

hansetsu
Japanisches Papier der Größe 35 x 135 cm

hanshi
Japanisches Kalligraphiepapier der Größe 24 x 33 cm

hatto
Ideale Pinselhaltung (»leicht den Steigbügel berühren«)

hiragana
Eines der beiden japanischen Alphabete zum Schreiben von Partikeln und grammatikalischen Bindewörtern

hitsujun
Vorgegebene Reihenfolge, nach der die Schriftzeichen geschrieben werden müssen

hobo
Maserung des Reibsteins

inkan
Offizielle persönliche Stempel für den Alltagsgebrauch

inkanshomei
Echtheitszertifikat für private Stempel

jiku
Pinselstiel

jitsuin
Individuelles persönliches Siegel für den geschäftlichen Bereich

juugouhitsu
Weicher Pinsel

kaisho
Regelschrift, auch Standard- oder Normalschrift (2. Jahrtausend v. Chr. bis 589 n. Chr.)

kakejiku
Hängerolle

kakemono
Hängerolle

kakijun
Regel zur Schreibreihenfolge, nach der die Schriftzeichen geschrieben werden müssen

kanbouin
Siegel mit kurzen Gedichten oder Leitsätzen

kana
Japanische Alphabete bzw. Silbenzeichen

kanbun
Japanisiertes Chinesisch

kanji
Schriftzeichen

kanjimajiri
Schriftzeichenmischung aus chinesischen Wort- und japanischen Silbenzeichen; Grundlage des japanischen Schriftsystems

katakana
Eines der beiden japanischen Alphabete

ke
Pinselspitze

kekkoho
Gesamtstruktur des Zeichens

kengohitsu
Pinsel mit hartem Kern und weicher Ummantelung

koukotsumoji
Orakelknochen-Zeichen

kuukan
»Leerer Raum«: Verhältnis vom Weiß des Untergrunds zum Schwarz eines Zeichens

kuwa
Auslaufform der Linie (»Spatel«)

nagasu
Auslaufform der Linie (umgekehrte »Schwertklinge«)

neriboku
Industriell vorgefertigte flüssige Tinte als Konzentrat

nijukaki
Regel, die das Zweifachschreiben eines Schriftzeichens verbietet

noboku
Dickflüssige Tinte

nuku
Auslaufform der Linie (»Schwertklinge«)

reisho
Kanzleischrift (200 v. Chr. bis 3. Jahrtausend n. Chr.)

renga
Gedichtform vor der *haiku*-Dichtung

ryuzume
Auslaufform der Linie (»Drachenkralle«)

sakuhin
Fertiges Gesamtwerk

seimeiin
Stempel (Siegel) mit dem Namen des Kalligraphen

sen
Linie

shikishi
Mit Karton verstärktes und mit einem Goldrand verziertes Papier (24 x 27 cm)

shitajiki
Saugfähige und wasserundurchlässige Unterlage, meist aus dunklem filzartigen Material (mindestens 28 x 36 cm)

sho
Schrift

shodo
Schriftkunst (wörtlich: »Weg der Schrift«)

shouenboku
Graue Tinte

shokeimoji
Hieroglyphische Bildzeichen

shubunin
Stempel, bei dem die Schrift rot, der Hintergrund weiß erscheint

sosho
Kursivschrift (ab dem 6. Jahrhundert n. Chr.)

sumi
Tusche

suzuri
Reibstein

tanboku
Dünnflüssige Tinte

tehon
Vorlage zum Kalligraphieren

ten
Punkt

tenkoku
Japanische Kunstform des Siegelschneidens

tensho
Siegelschrift (1500 bis 200 v. Chr.)

tokonoma
Schmucknische im typisch japanischen Tatamiraum

washi
Japanisches Papier

yuin
Siegel mit kurzen Gedichten, Leitsätzen o. Ä.

yuseiboku
Dunkelgraue Tinte

zenshi
Japanisches Papier (70 x 135 cm)

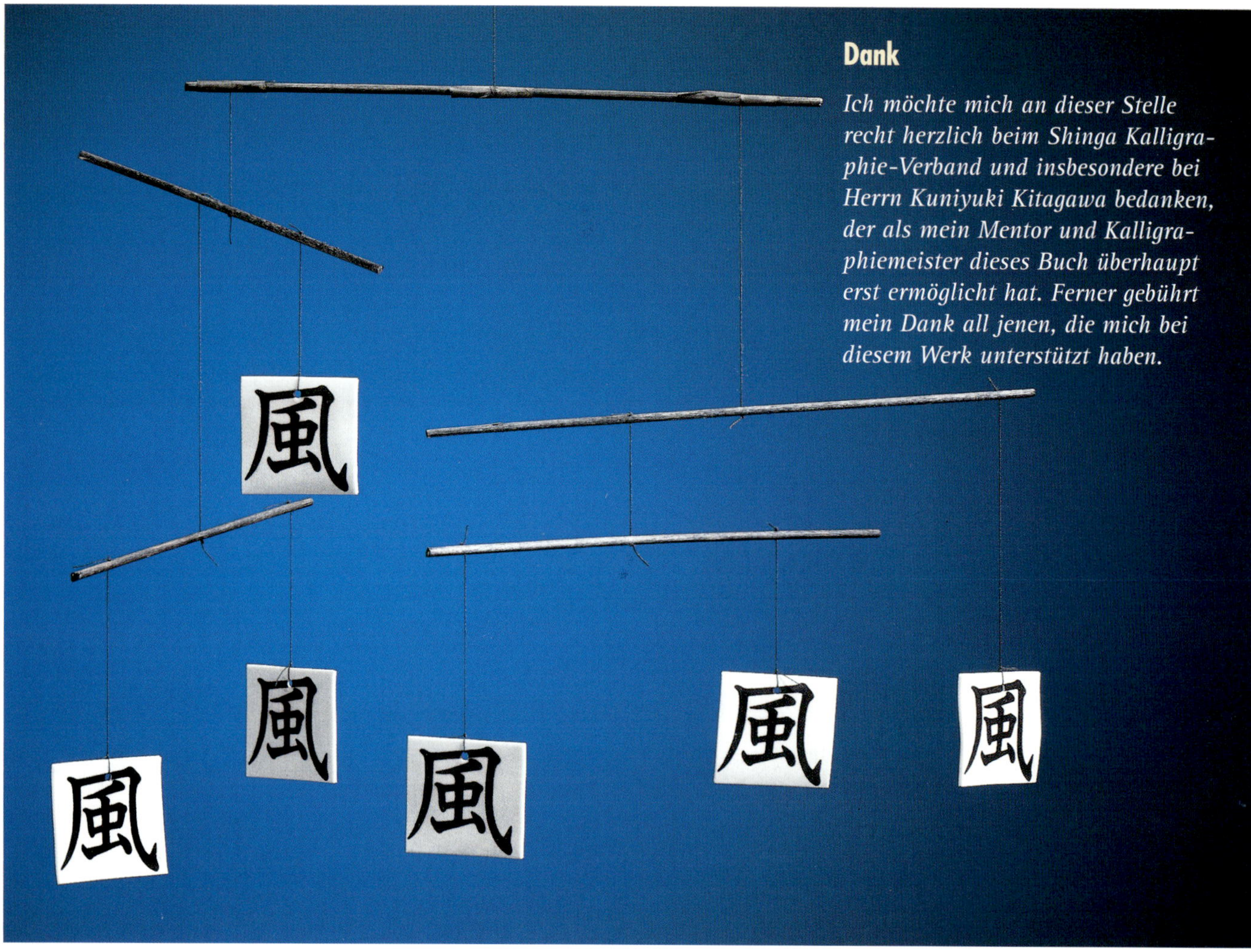

Dank

Ich möchte mich an dieser Stelle recht herzlich beim Shinga Kalligraphie-Verband und insbesondere bei Herrn Kuniyuki Kitagawa bedanken, der als mein Mentor und Kalligraphiemeister dieses Buch überhaupt erst ermöglicht hat. Ferner gebührt mein Dank all jenen, die mich bei diesem Werk unterstützt haben.

Die Deutsche Bibliothek –
CIP-Einheitsaufnahme

Ein Titeldatensatz für diese Publikation ist bei der Deutschen Bibliothek erhältlich.

Fotografie: Klaus Lipa, Diedorf bei Augsburg, außer S. 13, unten links und Seite 15, unten (beides Werkfotos vom Johannes Gerstäcker Verlag GmbH)
Lektorat: Eva-Maria Müller, Augsburg
Umschlagkonzeption: Kontrapunkt, Kopenhagen
Umschlaglayout/Herstellung: Elke Martin
Layout: Michael Stiehl, Leipzig

AUGUSTUS VERLAG, München 2002

Satz: Gesetzt aus 11 auf 14 Punkt Rotis Serif in Quark-X-Press von Michael Stiehl, Leipzig
Reproduktion: Repro Ludwig, A-Zell am See
Druck und Bindung: Appl, Wemding
ISBN: 3-8043-0912-7
Printed in Germany
www.augustus.de